Babajis Anleitungen für die Neue Zeit

Band 1

Shantima Petra Sollgruber

Babajis Anleitungen für die Neue Zeit

Band 1

ch.falk verlag

Das OM zwischen den Kapiteln
ist von Babaji selbst gezeichnet;
es ist seine Handschrift.

Originalausgabe
© ch. falk-verlag, seeon 2010

Foto von Babaji auf Seite 5: © Ch. Falk und W. Fliss
Bild auf Seite 6 "Aufgehende Saat": von Malerin Christine Geiß

Umschlaggestaltung: nach einem Foto von Thomas Sollgruber
von Christa Falk, Dirk Grässle und Thomas Sollgruber

Satz: OMRA - Lichtboten, Wutha-Farnroda
Druck: Druckerei Sonnenschein, Hersbruck

Printed in Germany
ISBN 978-3-89568-215-5

Aufgehende Saat

Möglichkeiten 16.06.2009	135
Wert und Wertlosigkeit 17.06.2009	141
Gemeinschaften 20.06.2009	149
Denken und Sein 24.06.2009	155
Zeremonien 01.07.2009	163
Selbstwertgefühl 09.07.2009	170
Lernt von den Kindern 16.07.2009	177
Vertrödelte Zeit 25.07.2009	184
Sucht in allem das Gute 28.08.2009	193
Die Angewohnheit des Aufschiebens 05.09.2009	199
Ausstrahlung 06.09.2009	207
Ernährung 07.09.2009	213
Die Macht der Gedanken 15.09.2009	216
Klarheit 01.10.2009	226
Entspannung 04.10.2009	231
Selbstannahme 12.10.2009	235
Die Neue Zeit 14.10.2009	241
Über Babaji	249
Nachwort	251
Über die Autorin	252

Inhalt

Einleitung von Gott 13.08.2008	9
Babaji spricht 13.09.2008	12
Verlangen 16.09.2008	16
Wie entstehen Sorgen? 09.11.2008	23
Die Kraft der Entscheidung 31.12.208	29
Die Wichtigkeit eigener Erfahrungen 14.02.2009	37
Aufgehende Saat 21.02.2009	43
Energiesysteme 19.03.2009	48
Das Reinigen und Verschließen der Aura 24.03.2009	56
Veränderungen 03.04.2009	66
Was sind Gefühle? 05.04.2009	73
Tiefe Augenblicke 12.04.2009	84
Das tägliche Leben 19.04.2009	91
Seid wachsam 07.05.2009	100
Freude 13.05.2009	103
Trägheit 10.06.2009	114
Tagtägliche Bemühungen und Anstrengungen 11.06.2009	119
Kontrollzwang 12.06.2009	127

Einleitung von Gott

Woher kommen wir? Wer sind wir?

Das sind die meistgestellten Fragen von euch Menschen.

Weshalb beantwortet ihr euch diese Fragen nicht selbst? Weil ihr vergessen habt, wer ihr in Wahrheit seid. Eure Gefühle sagen euch stets etwas anderes, als euer Verstand vorgibt. Diese beiden benehmen sich, als seien sie unversöhnliche Gegner. Scheinbar. Es ist die Frage, wohin ein Mensch mehr tendiert: mehr zum Verstandesdenken hin – nüchterner, berechnender Logik? Oder mehr zum Gefühlsvertrauen hin – zu Entscheidungen, die nicht erklärbar, aber dennoch im Inneren nachvollziehbar und fühlbar sind!

Wer seid ihr? Immer der, für den ihr euch selbst haltet, der seid ihr, scheinbar. Hier kann man wiederum unterscheiden zwischen dem Eindruck, den jeder von sich selbst hat, und dem Eindruck, den er bei anderen hinterlässt. Und selbst hier kann die gleiche Situation so viele unzählige verschiedene Eindrücke hervorrufen, wie es anwesende Menschen gibt. Anschließend bekommen auch die Menschen einen Eindruck von der Situation, obwohl sie nicht anwesend gewesen sind, aber von einem anwesend gewesen Seienden die Situation geschildert bekommen. Und es werden so viele verschiedene Eindrücke entstehen, wie viele Menschen davon (von der Ausgangssituation) erfahren.

Wer also seid ihr? Der oder die, von der ihr selbst glaubt, er oder sie zu sein? Oder was andere glauben? Wenn euer Selbstbild stimmt – wenn es absolut wahr ist – so könnte es doch von anderen auch nur als die gleiche Wahrheit empfunden werden. Aber das ist so nicht – das weiß jeder aus seiner eigenen Erfahrung. Sonst würde es nämlich keinerlei Missverständnisse und Querelen mehr unter euch Menschen geben.

Wer also seid ihr? Oder wer seid ihr gewesen vor einem Jahr? Oder vor zehn Jahren? Habt ihr euch verändert? Habt ihr euer Bewusstsein erweitert? Oder habt ihr alle Entwicklungsschritte blockiert? Wer seid ihr? Woher kommt ihr? Kommt ihr aus dem Mutterschoß? Eine Vereinigung zwischen Eizelle und Samen? Mehr nicht? Könnt ihr das glauben? Und woher nahmen Eizelle und Samen ihr Wissen, sich so zu entwickeln, dass ihr daraus entstehen konntet? Hätte ein anderer Samen das Rennen gewonnen, so könntet ihr schon nicht mehr der oder die sein, die ihr jetzt zu sein glaubt. Habt ihr je darüber nachgedacht, woher überhaupt die Eizelle und der Samen kamen? Von euren leiblichen Eltern? Ja, natürlich. Doch was geschah, dass eure Eltern geboren wurden? Wie lange müsstet ihr Ahnenforschung betreiben, bis ihr zu euren Wurzeln findet?

Woher kommt ihr? Denkt nach ... über diese beiden Fragen. Versucht, mit Hilfe eures Verstandes eine Antwort zu finden, an der niemand in der Lage ist, auch nur ein Quäntchen zu rütteln.

Denkt nach ...

Babaji: Lasse die Leser wissen, wann du diese Worte von Gott für die Einleitung unseres Buches erhalten hast.

Shantima: Bereits drei Stunden, nachdem das vorangegangene Buch "Babajis Anleitung zum Glücklichsein" druckfertig war, sprach Gott zu mir. Er betonte die Wichtigkeit, das Alte freizugeben beziehungsweise loszulassen, um somit Platz zu schaffen, damit Neues entstehen kann. Ich hatte nicht erwartet, dass es so schnell geschehen würde. Daraufhin sprach Gott voller Liebe nur ein einziges Wort:

Vertraue!

Babaji spricht

Es ist das zweite Buch. Was bedeutet das? Es ist angenehm, das erste Buch bereits gelesen zu haben – eingeführt worden zu sein in das, was jetzt übermittelt wird. Aber es ist keine Voraussetzung, erst das erste, dann das zweite, danach das dritte und so weiter ... Buch zu lesen. Diese Reihenfolge ist in eurem Denken sehr stark verankert. Ihr seid geprägt von Denkprozessen, die stets in dieser Reihenfolge vorgehen. Reihen-folge. Muss man wirklich alles genau so ausführen, wie das Massenbewusstsein es euch vorschreibt? Alles genau so machen, wie es die Generationen davor gehandhabt haben?

Jeder hat seinen eigenen Rhythmus.
Jeder geht seinen eigenen Weg.

Der Eine liest jedes Buch „der Reihe nach". Ein anderer glaubt, alles schon zu wissen, was im ersten Buch steht, und deshalb beginnt er gleich mit dem zweiten Buch. Wieder andere glauben, dass alles, was hier erklärt wird, vollkommen unnütz ist. Noch andere glauben, dass sie keine Grundlagen bräuchten. Jeder so, wie er für sich selbst entscheidet. Manchmal sind diese Entscheidungen vollkommen in Ordnung, denn manchmal kommen sie direkt und ohne Umschweife von eurem Herzen. Meistens jedoch fällt ihr eure Entscheidungen immer noch mit dem abwägenden Verstand.

Warum hast du, lieber Leser, lieber Wahrheitssucher, genau dieses Buch jetzt und hier, um darin zu lesen oder es sogar insgesamt, von Anfang an zu lesen? Warum? Warum nicht ein anderes? Wieso stelle ich überhaupt so simple Fragen?

Shantima: Damit wir in die Einfachheit zurückfinden? Ergründen beziehungsweise wachsam sind, was unsere Entscheidungen betrifft, und nicht mehr leichtfertig, sondern bewusst handeln?

Babaji: Lasst euch führen, lasst euch leiten von eurem eigenen Herzen. Das ist die Grundvoraussetzung für ein glückliches, friedvolles Leben. Und dieses Buch wird euch eine Hilfe sein, wenn ihr es wirklich wünscht. Eine Hilfe, zu euch selbst zu finden. Den Sinn eures Daseins zu verstehen – zu erfahren.

Doch bevor ihr euch entscheidet, dieses Buch in euch aufzunehmen, solltet ihr wahrhaftig *wollen* – wahrhaftig euer eigenes Selbst wieder erkunden wollen. Denn ohne euren starken Willen, ohne euren starken Wunsch, eurer starken Sehnsucht, euer eigenes verschüttetes Wissen wieder freizulegen, werdet ihr keinen Nutzen aus diesem Buch ziehen. Denn es ist kein Lesebuch. Keines, was man nur schnell durchliest. Dieses Buch möchte euch zu euch selbst führen. Und das ist nur möglich, wenn auch ihr – von eurer Seite aus – in der Lage seid, Zeit zu investieren in eure eigene Entwicklung. Wenn ihr den Willen – ein sehr, sehr starker Wille ist es, von dem ich hier spreche – habt, täglich Zeit zu investieren für euch selbst. Ansonsten werdet ihr die Inhalte dieses Buches nicht erfassen können. Denn sie können nicht durch Lesen erfasst werden. Der Intellekt hilft euch, das Geschriebene zu erfassen. Dafür ist er wunderbar vorbereitet. Doch er kann euch nicht durch Lesen zu eigenen Erfahrungen verhelfen. Dazu bedarf es viel mehr, nämlich: eurer Bereitschaft, euch wahrhaftig auf dieses Abenteuer einer Selbsterkenntnis einzulassen. Und es ist das größte und spannendste Abenteuer, was ihr hier auf Erden erleben und erfahren könnt.

Euer ganzes Sein ist so strahlend schön, so allumfassend, dass es ein großes Geschenk ist, die Mittel, beziehungsweise die Möglichkeit eines Weges der Selbstfindung in den Händen zu halten. Und jetzt haltet ihr dieses Buch in euren Händen. Lest es mit Hilfe eurer Augen.

Aber es spricht direkt euer Herz an – euer Gefühl:
euer eigenes Gefühl, euer eigenes Selbst.
Fühlt in euch hinein. Jetzt:

Bin ich bereit,
jeden Tag die einfachen Übungen durchzuführen,
die mir hier geschenkt werden?
So lange, bis ich wahrhaftig fühlen kann,
was dort beschrieben ist?
Habe ich die Geduld?
Habe ich das starke Verlangen, hart an mir selbst zu arbeiten?
Will ich wirklich und wahrhaftig
diese Zeit für diese Übungen aufbringen?
Will ich?
Ganz oder halbherzig?

> Selbstfindung bedeutet,
> sich selbst auf Anstrengungen einzulassen,
> auf ein Abenteuer im eigenen Inneren.
> Und diese Anstrengungen tragen ihre Früchte.
> Doch ohne Saat keine Frucht.
> Ohne Anstrengung keine Selbstverwirklichung.
> Ohne Saat keine Ernte.
> Was will ich?

Stelle dir jetzt wahrhaftig diese Fragen und entscheide dich.

Babaji: Du empfängst jetzt dieses Buch. Es ist wie eine Empfängnis eines Kindes – nur für dich selbst erfahrbar und erspürbar. Übe dich im Schweigen. Rede noch nicht über das neue Leben, lasse es erst im Schutze deines Schweigens heranwachsen. Dann, wenn es schon weit entwickelt ist, wird es von selbst in Erscheinung treten. Du solltest alle Inhalte gemeinsam mit ShivaOm ausprobieren, beziehungsweise durchführen, damit ihr wisst, worum es geht. Es erfahrt. Aber lasst dieses Wissen in der Stille wachsen. Schweigt und erfahrt zugleich die Segnungen dieses Wissens. Möchtest du dich darauf einlassen? Voll und ganz?

Shantima: Ja, ich will, Gurudev. Voll und ganz. Mit all' deinen Bedingungen.

Babaji: Es gibt nur eine einzige Bedingung.

Shantima: Ich will. Om Namaha Shivaya.

Verlangen

Babaji: Was willst du?

Shantima: Ich will vollkommen eins sein – mit Gott sein. Diese vollkommene Einheit und Liebe fühlen. Die Wahrheit fühlen. Ich weiß, dass ich dafür meinen kleinen Willen vollkommen deinem Willen unterordnen will. Om Namaha Shivaya. Dein Wille geschehe. Denn ich fühle, dass, wenn dein Wille geschieht, immer das geschieht, was in meinem weisesten und höchsten Interesse ist. Und im Interesse der gesamten Schöpfung. Was immer geschieht, bitte lehre mich, es so annehmen zu können.

Babaji: Eine Steigerung des Wollens ist das starke Verlangen nach "etwas". Ganz im Allgemeinen betrachtet ist ohne starkes Verlangen keine große Entwicklung möglich.

Hier sollte jetzt jedoch keine Verwechslung geschehen von starken Wünschen des Egos mit dem starken Verlangen des Herzens. Hier handelt es sich um zwei ganz verschiedene Richtungen. Denn die Wünsche des Egos sind folglich immer irdische Wünsche. Auch wenn sie vielleicht etwas spirituellen Fortschritt bewirken können, so halten beziehungsweise binden sie immer den Wünschenden an seinen Wunsch. Und da dieser Wunsch irdisch ist, wird der Wünschende so lange an die Erde gebunden, bis er fähig ist, all' seine irdischen Wünsche aufzugeben: zugunsten des starken Verlangens des Herzens, wieder die vollkommene Einheit mit Gott wahrhaftig zu erleben, zu erfahren. Nur durch eigene Erfahrungen ist es überhaupt erst möglich, die eigene Göttlichkeit wahrzunehmen. Meist geschieht es in der Stille. Weil die Stille eine große Hilfe ist, besser seine gesamte Konzentration nach innen zu lenken, anstatt sich auf die Äußerlichkeiten der irdischen Welt zu konzentrieren. Und wohin du deine Aufmerksamkeit lenkst, darauf wird sich alles in deinem Leben automatisch konzentrieren. Aber wie? Auch wenn du das starke Verlangen nach Selbstverwirklichung hast, so weißt du noch lange nicht, wie du dieses Verlangen effektiv nutzen kannst.

Hier möchte ich jetzt einige leicht verständliche Übungen zeigen, die für jeden Menschen leicht durchführbar sind. Aber ohne das starke Verlangen nach Selbstverwirklichung wird es nicht möglich sein, auch den wahren Nutzen aus den Übungen zu ziehen.

Was sind Übungen?
Was heißt es, zu üben?
Es bedeutet, immer und immer wieder
die gleiche Übung auszuführen,
so lange, bis man Meister geworden ist.

Immer und immer wieder.

Unermüdlich.

So lange,
bis das beschriebene Resultat
mühelos und spielerisch eintritt.

Erst dann ist es möglich, die nächste (auf die erste Übung zweite, aufbauende) Übung erfolgreich durchzuführen. <u>Immer der Reihe nach, mit großer Geduld und Hingabe.</u>

Vor allem jedoch mit Regelmäßigkeit
– täglicher Regelmäßigkeit –.
Und hierfür ist Eigendisziplin erforderlich,
denn es wird niemand euch "an den Haaren" herbeiziehen,
um euch zur Übung zu zwingen.
Denn mit Zwang könnt ihr keine Resultate erreichen,
die euch befriedigen.

Alles geschieht durch Freiwilligkeit:
durch die Macht und Stärke eures eigenen Willens.
Und dieser, euer freie Wille ist heilig.
Unantastbar.

Was also willst du?
Diese Frage ist essentiell.
Diese Frage solltet ihr euch wieder und wieder stellen.
Und dann alles dafür geben,
dass euer Wille gezielt wirken kann.
Eine unbedingte Voraussetzung.

Starkes Verlangen ist gleichzusetzen
mit einem starken Willen.
Jetzt fehlt nur noch die Selbstdisziplin,
damit das Vorhaben erfolgreich wird.

Ist es nicht wunderbar?
Alles ist in dir.
Alles.

Es muss lediglich aktiviert werden,
das heißt, aktiv benutzt werden.

Als allererste Übung bitte ich euch, ganz entspannt und ohne Verkrampftheit euch hinzusetzen, die Wirbelsäule gerade aufzurichten und zu fühlen, wie es sich anfühlt, ganz gerade zu sitzen. Vielleicht fühlt es sich anfangs sogar steif an? Ungewohnt? Aber ihr werdet euch in Liebe an diese Haltung gewöhnen, denn sie ermöglicht einen viel effektiveren Energiefluss, das heißt, es ist um ein Vielfaches einfacher, in Meditation zu gehen:

Setzt euch mit gerader, aufgerichteter Wirbelsäule
– dennoch bequem –
hin und achtet darauf, was ihr fühlt.

Nach fünf Minuten
lasst diese Haltung "zusammenfallen"
und verfallt in die Körperhaltung,
die sonst eurer täglichen Gewohnheit entspricht
(ebenfalls sitzend).
Fühlt auch hier wieder ganz bewusst für circa fünf Minuten,
wie ihr euch in dieser – bisher gewohnten Haltung – fühlt.
Achtet ganz deutlich auf eure Gefühle!

Dann, gleich anschließend,
setzt euch wieder mit geradem Rücken
und aufgerichteter Wirbelsäule ruhig hin,
um noch einmal zu fühlen,
wie es jetzt ist,
in dieser Haltung zu sein.

Macht euch anschließend Notizen zu dem, was ihr fühltet. Es ist wichtig, diese Übung eine Woche lang täglich durchzuführen und erst am Wochenabschluss die täglichen Notizen zu vergleichen. Ist eine Änderung eingetreten? Was hat sich bereits verändert in meiner Wahrnehmung durch diese viel zu einfach erscheinende Übung? Jeder für sich selbst schreibt seine Gefühle auf. Jeder für sich selbst. Es ist kein Wettbewerb, sondern eine Gelegenheit, sich selbst innerhalb einer Woche, in täglich fünfzehn investierten Minuten, besser kennenzulernen. Ohne diese leichte Übung gemacht zu haben, solltet ihr nicht weiterlesen, denn es ist wichtig, sich selbst – durch die eigenen aufsteigenden Gefühle – wirklich kennenzulernen; sich dafür Zeit zu nehmen.

Auch diejenigen unter euch, die bereits Meditationspraxis haben, sind nicht von dieser Übung ausgeschlossen. Hier besteht die Gefahr zu glauben, diese Wochenaufgabe überspringen zu können. Überspringt sie nicht! Für jeden von euch wird es eine ganz individuelle, wichtige Erfahrung sein, um alle in diesem Buch gezeigten Übungen voller Kraft und Wirkung zu absolvieren. <u>Fallt nicht darauf herein, dass diese Übung so leicht erscheint. Ihr könnt erst dann darüber urteilen, wenn ihr sie konsequent durchgeführt habt.</u>

Durch "Durchlesen" geschieht nichts in euch.

Ich freue mich auf euch alle.

Babaji

Om Namaha Shivaya

Shantima: So eine leichte Übung? Diese Gedanken sind auch in mir. Ich fühle, wie leicht der Gedanke kommt, eine solche Übung locker überspringen zu können. Aber ich fühle ebenso, dass es spannend ist, eine so einfache Übung durchzuführen. Eben gerade deshalb, weil sie so einfach erscheint. Und ich weiß, dass es noch niemals vorgekommen ist, dass du irgendetwas gesagt hast, was ohne Sinn ist. Aber es liegt immer an mir selbst, den Sinn herausfinden zu wollen. Dann erst kann der Aha-Effekt eintreten. Du gabst mir noch niemals fertige Ergebnisse, alles hast du mich synchron durch eigene Erfahrungen gelehrt; erleben lassen. Ich nehme diese Herausforderung an. Gerade deshalb, weil es so aussieht, als sei es keine. Deine Lilas *(göttliches Spiel)* sind undurchschaubar – nur erlebbar. Inzwischen bin ich sogar gespannt darauf, was diese "leichte" Übung bewirkt, weil ich erkenne, dass gerade, wenn etwas zu leicht erscheint, ich dazu neige, es allzu leichtfertig zu nehmen. Genug geredet, ich bin gespannt auf alles in diesem Buch. Ich liebe dich, Gurudev. Und danke dir.

ShivaOm: Mein erster Gedanke: Das kann man doch bestimmt überspringen, das mache ich doch jeden Tag. Aber wenn du, geliebter Guru, es von uns möchtest, dass wir so beginnen, dann hat das seinen Grund. Deine Lehre ist nun mal Einfachheit, Wahrheit und Liebe. Also lass' uns "einfach" beginnen.

Wie entstehen Sorgen?

Babaji: Warum machst du dir so viele Sorgen? Was sind Sorgen? Was bedeutet es, sich um etwas zu sorgen?

Shantima: Wenn ich diese Frage persönlich beantworte, so bemerke ich gerade jetzt, in diesem Moment: "Wenn ich mir Sorgen *mache* ..." ist gleichzusetzen mit: "Wenn ich mir selbst Sorgen erschaffe ..." Meinst du das, Gurudev? Eigentlich wollte ich schreiben: "Wenn ich mir Sorgen mache, so habe ich noch immer zu wenig Vertrauen in den Fluss des Lebens – in die göttliche Führung." Aber erst während des Schreibens (beim Denken hatte ich es noch nicht bemerkt) dieses Satzes: "Wenn ich mir Sorgen mache ...", begriff ich, was du meinst.

Babaji: Genau! Du machst (erschaffst) dir Sorgen. Jemand anderes macht (erschafft) sich ebenfalls Sorgen. Doch meist sind die Sorgen, die erschaffen werden, niemals die genau gleichen. Wenn Sorgen also real wären, so müsste es doch so sein, dass sich ziemlich viele Menschen die genau gleichen Sorgen machen müssten. So aber ist es nicht.

Ihr habt ein jeder von euch die Tendenz, sich ganz spezifische Sorgen zu machen (zu erschaffen). Nämlich solche, die genau zu euren vermeintlich zukünftigen Lebensumständen gehören könnten. Könnten – was bedeutet "könnten"? Nichts anderes als Spekulation darüber, was alles passieren könnte, wenn ... Und hinter diesem "wenn" stehen immer Phantasien, die nicht voraussagbar sind, die nicht tatsächlich eintreffen müssen beziehungsweise könnten. Die logische Schlussfolgerung daraus ist: Warum machst du dir also Sorgen, obwohl du weißt, dass es sich hier um deine eigenen Gedanken handelt, die in eine nicht freudvolle Zukunft abdriften?

Shantima: Wollen wir ein spezielles Beispiel zu Hilfe nehmen?

Babaji: Ja. Warum sorgst du dich darum, dass du nicht genug dafür tust, dass unser erstes Buch "Babajis Anleitung zum Glücklichsein" in die Welt geht?

Shantima: Diese Frage stellte ich mir oft selbst – synchron zu der Sorge. Das heißt, dass ich mitten im "Sorgen machen" meist bemerke, dass es vollkommen unsinnig beziehungsweise unproduktiv ist, mir überhaupt darüber Sorgen zu machen. Du selbst hast dafür gesorgt, dass das Manuskript in wunderbarer Weise zu einem Verlag und einem einfühlsamen Verlagsleiter kam. Ich selbst musste nichts dafür tun, außer vertrauensvoll zu schreiben und zu den Orten beziehungsweise Menschen zu gehen, zu denen ich mich sehr hingezogen fühlte. Das heißt, auf meine Intuition zu vertrauen, auf alle sogenannten Zufälle zu achten, das war mein Part.

Alles andere geschah spielend leicht, wenn man es im Nachhinein betrachtet. Währenddessen hatte ich oft genug Zweifel und neigte zum Sorgen machen (erschaffen). Und jetzt: Das Buch ist geboren, viele Menschen lesen es, du hilfst ihnen, bist immer präsent, wenn jemand diese Zeilen liest. All das weiß ich – fühle ich. Und dennoch ... du kennst mich, meine Gedanken ... noch immer mache ich mir Sorgen. Warum?

Babaji: Alte Gewohnheiten! In diesem Zeitalter auf Erden, besonders in den sogenannten kultivierten Ländern, ist es üblich, euch von Kindheit an darauf zu trainieren, darauf zu drillen, dass "Sorgen machen" eine ganz normale gedankliche Beschäftigung ist. Aber das ist sie nicht! Im Gegenteil. Es ist eine selbstzerstörerische Gewohnheit. Du solltest sie dringend ablegen!

Shantima: Ablegen, aus dem Wachbewusstsein herausnehmen? Aber da wäre noch das Unterbewusstsein.

Babaji: Und?

Shantima: Du meinst jetzt bestimmt, dass du mich all' diese Methoden bereits gelehrt hast und ich sie immer noch zu wenig anwende?

Babaji: Warum wendest du nicht ständig an, was du inzwischen gelernt beziehungsweise erinnert hast? Auch hier verfällst du immer und immer wieder in alte Gewohnheiten. Zwar sind es schon bedeutend andere Gewohnheiten als jene, die du einst hattest, doch noch immer behindern sie dich auf deinem Weg. Wieso lässt du dich noch immer von deinem Verstand, dem Logiker, so durcheinanderbringen?

Shantima: Ist es wirklich so krass?

Babaji: Machst du dir Sorgen wegen des Buches (um beim Beispiel zu bleiben)?

Shantima: Ja, das kann ich nicht leugnen. Zwar nicht ständig, nicht täglich, aber dennoch.

Babaji: Warum???

Shantima: Ich schreibe jetzt alles auf, was mir spontan in den Sinn kommt: Alle Hoffnung, mein Leben selbst zu bestimmen, finanziell unabhängig zu sein, hatte ich in das Erscheinen des Buches gesetzt. Jetzt ist es erschienen. Wie vielen Menschen es Freude oder Gelegenheit zum Nachdenken bringt, weiß ich nicht. In meinem jetzigen Bekannten- und Freundeskreis wüsste ich niemanden mehr, den es interessieren könnte. Wahrscheinlich schlussfolgere ich aus meiner begrenzten Sichtweise heraus, dass es folglich auch niemanden mehr im deutschsprachigen Raum gibt, den es interessieren könnte.

Babaji: Weiter...

Shantima: Wohl auch noch Angst zu versagen; Angst, sich selbst nicht ernähren zu können ... Ängste.

Babaji: Endlich! Dieses Wort wollte ich hören. Es sind immer Ängste, die euch dazu bringen, euch Sorgen zu machen. Wunderbar. Jetzt hast du den Weg entdeckt. Denn wenn Ängste zu Sorgen führen, so musst du jetzt einfach dein Hauptaugenmerk darauf richten, welche Ängste es sind, die dich dazu bewegen, dir Sorgen um die Zukunft zu machen.

Shantima: Bleiben wir beim Beispiel?

Babaji: Wenn du willst, ja.

Shantima: Es ist immer noch meine alte Angst, nicht zu genügen. Immer noch die Angst, erst Großes, Sichtbares leisten zu müssen, bevor man überhaupt wahrgenommen, beachtet und demzufolge geliebt wird. Ein uraltes Muster.

Babaji: Und diese Angst, die du "altes Muster" genannt hast, sehe ich in euch allen. Im Massenbewusstsein der Menschheit ist abgespeichert: Erst wenn ich ... tue, dann werde ich geliebt. Welcher Irrglaube! Du bist Liebe! Wie also erklärst du mir jetzt, dass es überhaupt möglich ist, nicht geliebt zu werden? Das ist das Gleiche, als würde Wasser von sich behaupten, es wäre nicht nass! Schizophrenie. Absolute menschliche Schizophrenie. Werdet euch eures wahren Seins wieder bewusst! Somit lösen sich alle Unwahrheiten auf. Und diese Unwahrheiten sind es, die euch immer wieder dazu bewegen, Ängste zu haben, euch demzufolge Sorgen um eure Zukunft zu machen. Wieso sorgst du dich nicht um deine Vergangenheit?

Shantima: Sogar das tue ich manchmal. Immer wenn ich etwas über Karma höre oder lese, dann erscheinen Sorgen, was wohl alles gewesen sein könnte, was mich daran hindert, jetzt selbstverwirklicht zu sein. Aber die meisten Sorgen betreffen die Zukunft. Weißt du, was mir jetzt gerade gravierend auffällt?

Babaji: Ja – schreibe es auf!

Shantima: Obwohl wir uns jetzt über Ängste und Sorgen unterhalten, obwohl ich sogar überlegte, welcherlei deren ich habe ... Im Moment – in diesen Augenblicken – habe ich keine Sorgen, sondern ich erfreue mich daran, dass ich schreiben darf.

Babaji: Die Gegenwart ist immer frei von Sorgen und Ängsten, insofern du in der Lage bist, gegenwärtig zu sein, das heißt, dein Denken hier und jetzt zu bewahren. Hierin liegt auch die Lösung für all' eure gemachten / erschaffenen Sorgen und Probleme. Ihr braucht einen Weg, der euch dahin führt, vollkommen in der Gegenwart zu leben. In der Lage zu sein, dem Leben wieder Freude abzugewinnen. Zu erkennen, dass das Leben ein wunderbares Geschenk ist. Was sagst du?

Shantima: Ich fühle, du zeigst jetzt uns – allen Lesern – einen Weg.

Babaji: Es gibt jedoch eine Bedingung, über die sich erst jeder im Klaren sein muss: Bist du innerlich bereit?

Willst du diesen Weg gehen?

Du wirst ein wenig deiner, zur Verfügbarkeit seienden, Zeit
investieren müssen in den Inhalt,
und insbesondere die praktischen Anleitungen dieses Buches.
Und es wird niemand kommen und dich dazu auffordern
oder gar "an den Haaren" herbeiziehen!
Du brauchst deinen eigenen starken,
unerschütterlichen Willen,
um das hier vorgestellte Wissen praktisch zu verinnerlichen.

Jeden Tag.

Nun? Dann folgt mir auf die nächste Seite,
die eigentlich die erste Seite ist.

Anmerkung (30.12.2008) Heute sagte mir Hannes: " Mama, du hast auch Arbeitsblätter auszufüllen. Aber deine sind ganz leer – sie werden dein neues Buch." Ich war so sehr berührt, dass ich alles bis hierher Geschriebene noch einmal las. Sorry, dass ich so getrödelt habe ...

Die Kraft der Entscheidung

Nichts ist möglich,
ohne die e i g e n e vorherige Entscheidung
getroffen zu haben.
Exakt und klar.
Deutlich.
Eindeutig.

Wenn eine Entscheidung nicht klar und deutlich genug ist, so hat sie keine Kraft, denn fehlt die klare Entscheidung, so fehlt automatisch die klare, vorgegebene Richtung. Das bedeutet, dass sich alles, was folgt, als unklar, undeutlich und richtungsändernd erweist. Wie willst du aber zum Ziel gelangen, wenn du nicht weißt, wo dein Ziel ist beziehungsweise was dein Ziel ist?

Nimm an, du planst eine Urlaubsreise, kannst dich aber nicht zwischen einem nördlichen, kühlen Land oder einem südlich gelegenen, warmen Land entscheiden. Wenn der Tag der Abreise gekommen ist und du dich in Bewegung setzt: Wohin gehst du? Wählst du die Mitte? Dann bleibt alles, wie es war, dann kommst du nicht zu deinem Ziel, weil du dich nicht klar und deutlich entschieden hast. Obwohl dir alle Möglichkeiten offen stehen, kannst du sie nicht nutzen. Vertane Zeit. Ungenutzte Möglichkeiten. Nur deshalb, weil keine Klarheit da ist. Du könntest dich treiben lassen, irgendwohin fahren oder fliegen, wohin dich gerade der nächste Zug oder Flieger bringt. Aber bringt er dich auf diese Weise zu deinem Ziel oder nur an irgendeinen anderen Ort? Wohl eher an einen anderen Ort als den, an dem du dich jetzt befindest.

Du hast immer eine Wahl.
Wähle gut.
Wähle mit deinem Herzen.

Und dann entscheide dich klar und deutlich, damit auch die Richtung, in die zu gehen du dich entschieden hast, ganz klar ist: Jetzt scheint es so, als ob du dich dazu entschieden hast, weiterzugehen diesen Weg – diese Möglichkeit –, die du durch dieses Buch erhältst. Dann lasse uns gemeinsam gehen. Stetig, ausdauernd und mit klarem Ziel. Willkommen auf deinem Weg zu dir selbst.

Wenn du die vorherige Übung des verschiedenartigen Sitzens gemacht hast, so hast du deine speziellen, eigenen Erfahrungen gemacht. Eine dieser Erfahrungen ist sicherlich die, dass du mit aufgerichtetem, geraden Rücken viel konzentrierter bist, als wenn du in irgendeiner Weise gekrümmt dasitzt. Allein eine Körperhaltung ist so bedeutend, wie du es wahrscheinlich vorher noch nie bemerkt hast, weil du deine eigene Aufmerksamkeit noch nie zuvor darauf gerichtet hattest. Das bedeutet, dass du immer nur das erkennen beziehungsweise nur die Erfahrung machen kannst, worauf deine eigene Aufmerksamkeit gerichtet ist. Oftmals sind es nur Kleinigkeiten, die sehr schnell zu unterschätzen oder zu übersehen sind.

In der heutigen Übung geht es darum, deine Aufmerksamkeit zu schulen, das heißt, dass du dir überhaupt bewusst wirst, worauf du deine Aufmerksamkeit gerichtet hast. Denn es ist von bedeutender Wichtigkeit, worauf du deine Aufmerksamkeit richtest. Denn genau damit bestimmst du (meist unbewusst) das Ziel beziehungsweise die Richtung deines Lebens.

Alles, was euch nicht bewusst ist,
könnt ihr jedoch nicht gezielt steuern,
sondern "es" steuert euch.
Ihr fühlt euch hin- und hergerissen oder fremdgesteuert,
wisst aber oftmals nicht, woran es liegt,
dass ihr euch so entzweit fühlt.
Nun – es ist ganz einfach.
Es liegt an eurer eigenen Unentschlossenheit,
somit an eurer eigenen Ziellosigkeit.

Halte jetzt inne.

Worauf sind deine Gedanken gerichtet,
wenn du dich von den Zeilen dieses Buches abwendest?

Die ersten aufkommenden Gedanken sind sehr wertvoll,
denn sie zeigen dir deine Richtung an,
in die du dein Leben lenkst.
Auch wenn es den meisten von euch
noch immer nicht ganz klar ist:
Ihr selbst seid es, die ihr euer Leben lenkt,
mittels eurer eigenen Gedanken.

Konzentriert euch auf euer Herz.
Fühlt euren Herzschlag.

Nach einer Weile jedoch geht tiefer in euer Herz.
Dort ist eine Vibration eures eigenen Selbsts zu fühlen,
die nicht identisch mit eurem physischen Herzschlag ist,
sondern einen ganz eigenen Rhythmus hat.
Einen liebevollen, angenehmen Rhythmus.
Den gilt es jetzt herauszufinden.

Das ist nur mit exakter, klarer Konzentration möglich.

Dazu wählt jetzt selbst die Position (Sitzhaltung) aus,
von der ihr in der vorigen Übung die Erfahrung gemacht habt,
dass ihr euch am besten konzentrieren könnt.
Es ist die Sitzhaltung mit geradem, aufgerichteten Rücken,
dennoch bequem.

Mitfühlend lächelnd fügt Babaji hinzu: Gebt nicht gleich auf, falls diese Haltung ungewohnt erscheint. Ihr werdet sie lieben lernen.

1.
Setzt euch aufrecht, mit geradem Rücken.
Nehmt euer Kinn Richtung Brust,
damit die Wirbelsäule so gerade wie möglich ist.

2.
Atmet aufmerksam und liebevoll
mit voller Konzentration in euer eigenes Herz hinein.

Das erfolgt gedanklich.
Ihr atmet natürlich tief – mittels eurer Atemorgane – in eure Lungen.
Aber gedanklich beatmet bitte euer Herz.

Auf diese Weise kommt ihr zur Ruhe.

Macht diese Übung mindestens fünf Minuten lang
oder so lange, bis ihr fühlt, dass ihr wirklich ruhig werdet
(auch ruhiger als bisher ist schon ein großer Schritt).

3.

Fühlt.
Fühlt, was ihr fühlt.
Nehmt wahr, was ihr fühlt.
Verdrängt kein Gefühl,
sondern beobachtet ganz genau,

was ihr fühlt und wo ihr es fühlt.
Atmet weiter ruhig und tief.

Fühlt,
aber lasst euch durch eure Gefühle nicht von der Technik,
liebevoll in euer Herz zu atmen,
abhalten.

Egal, welcherlei Gefühle aufkommen:

**Atmet immer und beständig
– liebevoll und tief –
in euer Herz hinein.**

Führt diese Übung gewissenhaft eine ganze Woche lang durch. Mindestens einmal am Tag, am besten so früh wie möglich. Schreibt euch hier eure Erfahrungen auf, die ihr während dieser Übung macht. Es wird eine Veränderung eintreten von der ersten Übung bis zum Ende der Woche. Doch bedenkt, dass ihr alles, was hier geschrieben steht, üben müsst, da ihr sonst keine Erfahrungen machen könnt.

Lesen ist nicht genug. Lesen bringt keine eigene Erfahrung. Das bedeutet, dass dieses Buch euch nur dann Nutzen bringen kann, wenn ihr bereit seid, ein wenig eurer Zeit zu investieren, um euch selbst besser kennenzulernen.

Diese praktischen, einfachen Übungen sind unerlässlich.

Wenn ihr bereits hier abbrecht, dann ist es nutzlos, überhaupt weiterzulesen. Dann gebt dieses Buch jemandem, der das Geschriebene wirklich anwenden will. Sonst ist es nutzlos.

Übt
und übt gleichzeitig Geduld, nicht weiterzugehen,
bis ihr diese Erfahrung
des tiefen, liebevollen Atmens
in euer eigenes Herz lieben gelernt habt,
das heißt,

aus eigener Erfahrung

herausgefunden habt,
worum es wirklich bei dieser einfachen Übung geht.

ShivaOm: Das ist eine wunderbare, einfache Übung, um den Tag ruhig und ausgeglichen zu beginnen.

Shantima: Es ist ein Gefühl von: Zeit für sich selbst zu haben, sich selbst liebevoll anzunehmen, um dann diesen inneren Frieden und diese innerlich erfahrene Liebe mit anderen zu teilen. Ich konnte deutlich fühlen, wie sehr mein Herz einfach nur lieben will. Alle anderen Emotionen verblassen bei dieser Übung.

Die Wichtigkeit eigener Erfahrungen

Werdet euch immer mehr bewusst, dass ihr lebendig seid.

Lebendiger, als ihr es euch bisher vorstellen konntet. Wie ist es, sein Herz als lebendiges, pulsierendes, liebendes Wesen wahrzunehmen, anstatt zu glauben, dass es sich lediglich um ein seine Aufgabe, das Blut pumpen, erfüllendes Organ handelt?

Vielleicht irritiert diese neue Sichtweise euren Verstand. Aber euer Verstand ist nicht in der Lage das, was ihr empfunden habt abzuerkennen. Mag sein, dass er dieses neue, liebevolle Gefühl noch nicht ganz anerkennen will; mag sein, dass er euch zweifelnde Fragen stellt ... Nun – dann schenkt eurem Verstand voller Gelassenheit das, was er benötigt. Er wünscht Wiederholung dessen, was ihr – jeder für sich – empfunden habt, um irgendwann klar anzuerkennen, dass es keinerlei Zweifel mehr gibt:

Eure Herzen sind lebendig.
Viel lebendiger und kraftvoller,
als man euch bisher gelehrt hat.
Hört nicht mehr damit auf,
diese einfache Übung in euren Tagesablauf zu integrieren.
Wenn sie auch noch so einfach erscheint:
Sie ist sehr wirkungsvoll.

**Und der Wirkungsgrad ist abhängig
von der Intensität und Regelmäßigkeit.**

Das wiederum bedeutet:
Sie ist abhängig von eurem freien Willen.

Nämlich:
von eurem eigenen Wunsch,
Zeit (Regelmäßigkeit)
und Tiefe (Intensität) zu investieren
für euren ureigenen, persönlichen Weg zu euch selbst.

Es ist die spannendste Reise, die es gibt: die Reise zu dir selbst. Zurzeit gibt es auf der Erde unzählige Techniken, die alle erfolgversprechend präsentiert werden. Manche, wenige, sind wahrhaftig wissenschaftliche Yogatechniken. Andere, die meisten, sind nicht so wirkungsvoll, wie sie angepriesen werden.

Hier kommt es sehr auf eure eigene Intuition,
euer eigenes Gespür an:

Wählt eine Technik, zu der ihr euch stark hingezogen fühlt
und die euch ein selbständiges Arbeiten erlaubt.
Das heißt, eine Technik, die mühelos,
egal wo ihr euch befindet, angewendet werden kann.

Und achtet darauf,
was im Außen in eurem täglichen Leben geschieht:

Fühlt ihr euch friedlicher, glücklicher, verstehender?
Diese Äußerlichkeiten sind der Spiegel
eures inneren Befindens.

Falls dir jetzt diese einfache, im letzten Kapitel gelernte Technik zusagt, so ist es möglich, in den folgenden Kapiteln dieses Buches deine wahren Empfindungen zu vertiefen. Worum ich euch jedoch dringend bitte:

Bleibt bei einer Technik, die für euch selbst wirkungsvoll ist, das heißt, auch in eurem Alltagsleben Fortschritte bringt. Mischt nicht zu viele Techniken miteinander beziehungsweise wendet nicht mehrere Techniken gleichzeitig an.

Zerstreut euch nicht.

Es ist wichtig, dass ihr auf liebevolle, angenehme und dennoch wirkungsvolle Weise hin zu eurem wahren Sein geführt werdet. Denn alles, was ihr euch wünscht und je gewünscht habt, ist bereits alles in euch selbst vorhanden. Der anfängliche Schlüssel dazu ist die Konzentrationsübung auf euer Herz. Fühlt eure Lebendigkeit! Fühlt eure innere Kraft!

Eine zweite, aufbauende Übung ist folgende:

Wenn ihr euch auf euer Herz konzentriert habt und still geworden seid, so könnt ihr ganz deutlich eure wahre Quelle der Kraft, der Lebensenergie, pulsieren fühlen. Das ist die Quelle, aus der alles Leben entsteht. Es ist die Quelle Gottes. Ihr habt viele Namen dafür: Chi, Prana, göttliche Energie ... und so weiter. Wie ihr die Energie nennt, die ihr jetzt in der Lage seid zu fühlen beziehungsweise an deren Existenz ihr nicht mehr zu zweifeln braucht, ist nicht wichtig.

Wichtig aber ist,
dass ihr die e i g e n e Erfahrung
der Wahrnehmung gemacht habt,
die euch niemand nehmen kann.
Und genau diese Erfahrung ist es,
auf der wir jetzt gemeinsam aufbauen.

Diese Erfahrung muss erst vorhanden sein.
Sie ist wie euer Grundstein zu eurem Haus.

Ohne diese Erfahrung,
das heißt, ohne diesen Grundstein,
könnt ihr alle daraus resultierenden Übungen
nicht durchführen.

Lesen könnt ihr sie schon,
aber ihr könnt sie nicht wahrnehmen.
Und Theorien habt ihr alle schon sehr, sehr viele
in eurem Bewusstsein.

Aber es mangelt an tatsächlichen,
unumstößlichen Erfahrungen.

**Und nur durch eigene Erfahrungen
könnt ihr euer Leben meistern.**

Das ist eine sehr wichtige Tatsache!

Praxis heißt das Zauberwort.

Praktiziert das, was ihr gelesen habt, ansonsten bleibt es nutzlose Theorie. Vom bloßen Lesen einer Speisekarte wird sich euer Magen nicht füllen lassen! Er bekommt nur noch größeren Appetit. Vielleicht lest ihr deshalb unzählige Speisekarten, aber erst dann, wenn ihr euch dafür entscheidet, eine dieser Speisen zu wählen, um diese dann tatsächlich zu essen, wird sich euer Hunger stillen lassen. Falls euch die Speise geschmeckt hat, werdet ihr sie erneut wählen. Falls sie für euren Geschmack nicht zufriedenstellend war, so werdet ihr beim nächsten Mal eine andere Speise ausprobieren. Aber wählen müsst ihr, sonst würdet ihr bei der theoretischen Lektüre der Speisekarten hoffnungslos verhungern. Obwohl alle Speisen (Techniken) zur Auswahl stehen – wenn ihr nicht wählt, so könnt ihr keine geistigen Fortschritte erzielen. Ein Fünkchen Praxis ist mehr wert als Tonnen von Theorie: Nun? Seid ihr hungrig nach geistigem Fortschritt? Dann lasst uns essen:

Setzt euch bequem, in aufrechter Haltung hin
und lenkt eure Aufmerksamkeit auf euer Herz.

Bedankt euch bei eurem Herzen,
dass es unermüdlich für euch schlägt,
um euren Körper gesund zu erhalten.
Bedankt euch aber auch für seine Lebendigkeit,
seine Liebe – seine bedingungslose Liebe ...

Findet eure eigenen Worte – ihr könnt sie laut aussprechen
oder aber in Gedanken an euer Herz senden.

Und seid euch ganz sicher, dass euer Herz in der Lage ist, eure Gedanken oder Worte ganz deutlich aufzunehmen. Ihr selbst bemerkt es an einer kleinen Veränderung: Wenn ihr in vollkommener Liebe und Dankbarkeit mit eurem Herzen redet beziehungsweise euch mit eurem Herzen verbindet, so werdet ihr augenblicklich fühlen können, wie ihr selbst dadurch viel mehr Dankbarkeit und Liebe empfindet. Es ist so, als würdet ihr durch eure eigenen Gedanken und Worte die Saat von Liebe und Dankbarkeit aussäen. Und dann seid ihr selbst es, die die Früchte eurer eigenen Saat erntet.

Wenn ihr diese Übung mit tiefer Liebe und Hingabe durchführt, so habt ihr auf ganz einfache und leichte Weise ein sehr wesentliches Naturgesetz verstanden. Mehr als das: Ihr habt seine unumstößliche, sofortige Wirkung erfahren.

Es ist jetzt vielleicht schon eine schöne Zeremonie für euch, diese beiden ersten Übungen zu vereinen, denn sie geben euch gemeinsam genau die Gefühle, nach denen ihr euch euer ganzes Leben lang gesehnt habt:

    Liebe, Dankbarkeit und somit inneren Frieden.

Aufgehende Saat

Wo seid ihr? Seid ihr gegenwärtig? Oder schwirrt ihr irgendwo in eurer Gedankenwelt herum? Wenn ihr gerade herum geschwirrt seid, so erinnert euch ... Wo seid ihr? Wohl nicht im Hier und Jetzt? Wo seid ihr?

Lernt, wieder gegenwärtig zu sein.

Lernt wieder,
die Schönheit der Erde um euch herum wahrzunehmen.

Oder seid gegenwärtig,
wenn ein anderer Mensch zu euch spricht.
Nehmt wahr, wie er etwas sagt,
nehmt seine Gefühle wahr,
den Ausdruck seines Seins.

Nehmt wahr,
dass da jetzt
– in diesem Moment –
etwas ganz Besonderes geschieht!

Nehmt e u c h s e l b s t g a n z wahr!

Und wirklich wahrnehmen
könnt ihr euch nur

in der Gegenwart.

Seht euch dieses Bild* an:

Es symbolisiert einen aufgehenden Keim. Einen Samen, der im Begriff ist, sich durch die Samenkapsel hindurchzuschieben. Aus eigener göttlicher Kraft. Es kommt niemand, der diesen Samen herauszieht aus seiner Kapsel. Es ist seine eigene Kraft, seine Bestimmung, Leben zu erzeugen...

Vielleicht wird aus ihm einst ein großer, riesiger Baum, der viele Früchte trägt. Doch es kann nur dann ein Baum aus ihm werden, wenn er jetzt die Kraft hat, durch seine – ihn bisher schützende – Schale durchzubrechen. Sein altes, vertrautes, gemütliches Heim hinter sich zu lassen und ohne diese so vertraute, schützende Hülle weiterzuwachsen. Das, was ihn einst beschützte, würde jetzt seinen Tod bedeuten. Dieser Samen, wenn er keimen will, muss sich unwiderruflich trennen von seinen bisherigen Umständen. Er muss dieses einst so kuschelige Zuhause für immer verlassen, um zu einem großen Baum heranwachsen zu können. Und er braucht viel Mut dazu, denn bisher hat er sich wohl gefühlt in seiner jetzt zu klein gewordenen Behausung. Jedoch ist aber nicht die Behausung geschrumpft oder hat sich verändert – sie ist so, wie sie immer gewesen ist. Aber es ist der Samen selbst, der jetzt beschlossen hat, zum Keim zu werden! Und jetzt kommt ein entscheidender Augenblick:

der Durchbruch.

Der Durchbruch in eine Zukunft,
die der Samen nicht kennt,
außer seinem starken Drang
zu wachsen.

* im Buch vorn auf Seite 6

Er kennt nicht die Umstände, in die er hineinwachsen wird ...
Aber er will wachsen. Das gleiche Prinzip kann ein jeder an sich selbst beobachten. Meist sind es nicht die Umstände, die sich verändern, sondern wir selbst befinden uns im Wachstum, und plötzlich bemerken wir, dass wir, wenn wir unsere Bedingungen beziehungsweise Umstände nicht verändern, nicht wachsen können. Ein wichtiger Punkt: der Durchbruch ...

Wieviel Mut gehört dazu, sein Leben zu ändern?

Wieviel Mut gehört schon dazu,
nur eine alte Angewohnheit zu verändern,
damit unsere Lebensumstände oder -bedingungen
besser werden?

Jeder Einzelne kommt an diesen Punkt, nämlich:
das Verlassen der Bequemlichkeit,
vielleicht einer Angewohnheit,
an die man sich jahrelang gewöhnt hat?
Von der man glaubt, ohne sie nicht sein zu können?
Oder ein Ort,
von dem man glaubt, ihn nicht verlassen zu können?
Oder, oder, oder ...

Ihr Lieben, wenn ihr an diesen Punkt gekommen seid,
– und spätestens jetzt, wo ihr Zugang zu euren Herzen habt,
seid ihr an einem solchen Punkt –
dann seid mutig!

**Folgt dem Ruf eures eigenen Herzens.
Denn euer Herz – eure Seele – kennt euren Weg.**

Befreit euch von allem, was euch "das Herz schwer macht". Dieses Wortbeispiel benutzen viele von euch, denn es trifft unbewusst den Punkt. Alles, was "euer Herz beschwert", das heißt, euren Weg behindert: Trennt euch davon. Denkt an den Samen. Ihm ergeht es genauso wie euch. Ich weiß, dass nicht aus jedem Samen ein Baum wird, um gleich eure diesbezügliche Frage zu beantworten: Aber es kann kein Baum aus einem Samen entstehen, der nicht bereit ist, sich dieser wunderschönen, göttlichen Verwandlung zu unterwerfen. Die Chance besteht!

Was dann geschieht, ist in Abhängigkeit von den Bedingungen. Und ihr seid als Mensch geboren worden. Also habt ihr schon einen gewaltigen Weg bis hierher hinter euch gebracht. Und ihr habt Beine! Ein Samen muss dort aufgehen, wohin er getragen wird. Aber ihr habt die wunderbare Möglichkeit, dorthin zu gehen, wo ihr wachsen wollt.

Seid achtsam, dass es nicht nur beim Wollen bleibt!

**Tut alles,
dass ihr das, was gut für euch ist,
auch wirklich "in die Tat" umsetzt!
Sonst bleibt euer Wachstum ein ewiger Traum.
Habt Mut!!**

Setzt die Übung fort, die ich euch gab. Es ist eine sehr grundsätzliche, einfache Übung. Eine Übung, die euch wieder in Kontakt bringt mit eurem wahren Sein. Fühlt! Fühlt! Fühlt!
(Nicht nur lesen!)

Eine neue, darauf aufbauende Übung ist folgende:

Wenn ihr in Dankbarkeit und Liebe
euch mit eurem Herzen verbunden fühlt,
so sendet dieses Gefühl von Liebe zu allen Menschen,
zu denen ihr dieses wunderbare Gefühl senden wollt.
Schickt es all denen, die euch in den Sinn kommen.

Auf diese Weise könnt ihr wahrhaftig fühlen,
dass sich diese Liebes- und Dankbarkeitsenergie
wahrhaftig in Bewegung setzt.
Und sie kommt augenblicklich an:
dorthin, wohin ihr sie sendet.
Egal, wie weit entfernt sich die Person von euch befindet.

Fühlt!

Und dann geschieht das Wunderbare:
Diese ausgesendete Liebe kommt vielfach zu euch zurück.
Auch das ist erlebbar – erfühlbar!!

Achtet darauf, es wirklich auf eure eigene Art fühlen zu können! Fühlt eure Verbundenheit auf der Frequenz der Liebe. Es ist ein Gefühl, das angenehm ist und sich glücklich anfühlt. Übt, übt und ... übt. Immer und immer wieder. Diese so einfach erscheinende Übung, insofern ihr sie täglich ausübt, wird angenehme Veränderungen in euer Leben bringen. Denkt an den Samen ... Pflegt die aufgehende Saat.

Energiesysteme

Ein neues Kapitel hat begonnen. Ein neuer Abschnitt. Ja, sogar ein neuer Lebensabschnitt. Wie kann das möglich sein? In so relativ kurzer Zeit? Es ist möglich durch eine Umprogrammierung eurer Struktur. Genauso, wie ihr euren Computer durch ein neues, verbessertes Programm leichter bedienen könnt beziehungsweise er schneller und effektiver arbeitet, so ist es jetzt mit euch geschehen. Durch eure Bereitschaft, diese einfachen Übungen durchgeführt zu haben, könnt ihr jetzt viel leichter und effektiver meditieren, was nichts anderes bedeutet als viel leichter mit eurer inneren Stimme in Verbindung zu treten. Selbst wenn ihr das, was ihr "innere Stimme" nennt, noch nicht akustisch, aber dennoch innerlich wahrnehmt, so seid ihr dennoch in Verbindung gegangen. Eure Intuition hat sich geschärft. Ganz automatisch vertraut ihr eurer inneren Stimme, die sich auch als Intuition äußert, ein wenig mehr als vorher.

Was also ist geschehen? Euer System entspricht dem Netzwerk eines Computers. Natürlich ist der Computer viel weniger entwickelt als ihr, obwohl ihr das nicht mit eurem Verstand glauben könnt. Denn ihr glaubt, dass ein Computer schneller und besser rechnen kann als ihr oder im Internet alles findet – in Sekundenschnelle – was ihr ihm eingebt, zu suchen. Oder aber, dass er ein viel größeres Speichersystem als ihr besitzt ...
Es ist ein jämmerlicher Vergleich eures eigenen Systems mit dem System eines Computers.

Dennoch könnt ihr an diesem Beispiel verstehen, was Meditation – und sei sie noch so einfach – bewirkt.

Wenn ihr einen Computer besitzt und ihn ungenutzt stehen lasst: Wozu habt ihr ihn dann? Ebenso verhält es sich mit eurem wunderbaren eigenen Nervensystem. Warum benutzt ihr es nicht? Weil ihr etwas sehr Wichtiges tun müsst. Nämlich: eine Verbindung herstellen. Beim Computer steckt ihr zuerst einen Stecker in die Steckdose, damit er den notwendigen Strom, das heißt, die notwendige Energie erhält, um leistungsfähig zu sein. Und es muss genau diese Form von Energie sein, in genau dieser Dosis. Zu wenig oder zu viel Energie in Form von Strom würde schon dazu führen, das ganze System des Computers lahmzulegen oder gar zu zerstören. Hierfür sind Transformatoren nötig, um ganz genau die richtige Menge (Strom) Energie zuzuführen. Und zwar ständig. Ohne diese Stromzufuhr in geeigneter Dosis (das gilt ebenso für Batterien) wäre keine Funktion des Computers gewährleistet.

Und euer eigenes Energiesystem, auch euer Nervensystem, ist ebenso abhängig von Energiezufuhr, um zu funktionieren. Bisher glaubtet ihr vielleicht, dass ihr durch eure Nahrungsaufnahme die nötige Energie erhaltet. Das könntet ihr als Notstrom bezeichnen – nie wissend, wie lange er anhält. Eure Biologie ist viel umfangreicher und empfindsamer als die eines Computers. Demzufolge ist es vollkommen logisch, dass ebenso eure Energiezufuhr aus einer anderen, vollkommenen, umfangreicheren Quelle kommen muss. Das ist eine logische Konsequenz.

Woher kommt ihr ...?
Könntet ihr diese wesentliche Frage beantworten, die Gott gestellt hat? Wenn ja, dann braucht ihr nicht mehr weiterzulesen, denn dann müsst ihr bereits ein selbstverwirklichter Meister sein und kennt alle Zusammenhänge, weil ihr vollkommen eins

seid mit der Quelle, woher ihr kommt. Was also ist geschehen in den letzten Wochen eures Lebens?

Ihr habt durch eure Bereitschaft,
diese einfachen Übungen durchzuführen,
eine Möglichkeit erschaffen,
wieder in Kontakt
mit eurer wahren Energiequelle zu kommen.
In b e w u s s t e n   Kontakt.

Auch das darf nicht unerwähnt bleiben:
Diese, eure wahre Energiequelle
versorgt euch die ganze Zeit über
mit der notwendigen Energie,
die eure gesamten Energiesysteme aufrechterhält:
Doch bisher erfolgte das alles auf Sparflamme.

Jetzt aber habt ihr eine Möglichkeit
beziehungsweise
einen Weg erhalten,
wie ihr effektiver vorankommen könnt.

Um beim Beispiel des Computers zu bleiben: Die Anfänge im Computerzeitalter waren alte Rechenmaschinen, die riesengroß gewesen sind, viel Strom verbraucht haben und oftmals Fehlerquellen aufwiesen. Diese sind immer weiterentwickelt worden. Weiter und weiter. Und diese Entwicklung dauert sogar noch an. Sie ist längst noch nicht abgeschlossen. Inzwischen seid ihr es gewöhnt, vor ziemlich komfortablen technischen Geräten zu sitzen und sie für euch effektiv arbeiten zu lassen. Wegen der Weiterentwicklung der Systeme müsst ihr jetzt auch euer Verstandeswissen ständig erweitern, um euch den neuesten Computerprogrammen anzupassen, beziehungsweise ihre Wirkungsweise zuerst zu verstehen, damit ihr sie fachgerecht anwenden könnt. Das heißt: Ohne Wissen wird jeder noch so neueste Computer nutzlos sein. Ihr könntet auch nichts mit ihm anfangen, wenn er in einer Sprache zu euch sprechen würde, die euch unbekannt ist. Demzufolge ist also nicht nur die Energiezufuhr von Bedeutung, sondern ebenso die Sprache, mit der der Computer zu euch spricht (sinngemäß). Ebenso müssen euch aber auch die einzelnen Funktionen der Tasten beziehungsweise Tastenkombinationen erst vertraut sein. Ihr müsst euren eigenen Intellekt schulen, damit er mit einem Computersystem wirklich effektiv umzugehen vermag. Also sind es ziemlich viele Faktoren, die zu beachten sind. Deshalb gibt es auf diesem Gebiet Spezialisten. Diese befassen sich intensiv mit der Entwicklung von Computerprogrammen und allen dazugehörigen Details.

Es gibt auch Menschen, die sagen, dass sie keinen Computer bräuchten. Vielleicht brauchen sie ihn nicht sichtbar, dennoch wird auf der gesamten Erde heutzutage sehr viel mit solcherlei Computern gesteuert. Jeder, der zur Zeit hier lebt, ist also mit diesen Computern verbunden, sei es nun direkt oder indirekt. Sichtbar (der Spezialist, der davor sitzt und damit arbeitet) oder unsichtbar (der, der glaubt, völlig unabhängig von diesen Systemen zu existieren). Jetzt könnte man natürlich einwenden, dass dieses Beispiel hinkt, denn diese Art von Maschinen gibt es noch nicht allzu lange ... Bedenkt jedoch, dass ich dieses Beispiel lediglich als Beispiel benutzen möchte, um euch euer eigenes System besser verständlich zu machen. Hier ist jetzt die Bedeutung:

Ihr könnt leugnen, dass jeder von euch ein wunderbares, vollkommenes Energiesystem besitzt. Aber ihr besitzt es trotzdem, denn sonst könntet ihr nicht leben. Ihr wäret nicht lebendig, nicht am Leben. Euer eigenes System bezieht seine Energie ständig und glücklicherweise auch ohne euer Zutun aus der göttlichen Quelle. Ihr nennt es Chi oder Prana oder göttliche Energie. Da diese Energie allerdings für eure Augen unsichtbar ist, glauben die meisten von euch immer noch, dass diese Energie nicht existiert, obwohl sie die Grundlage eurer Existenz ist. Jetzt ist es euch möglich, wieder bewusst mit dieser Energie in Verbindung zu treten.

Das möchte dieser Kurs euch lehren: wahrhaftig spüren und fühlen zu können, dass diese göttliche Energie es ist, die euch am Leben erhält. Und vor allem, dass ihr selbst es seid, die ihr alle Macht und Mittel habt, diese Energie sogar zu lenken. Bisher ist das meist unbewusst geschehen. Was bedeutet es, bewusst zu sein? Bewusstsein bedeutet zu wissen, wer ihr seid (was automatisch beinhaltet, woher ihr kommt). Eine wunderbare Gelegenheit, endlich zu erfahren, woher ihr kommt, wer ihr seid.

Und dazu braucht ihr ein ausgetüfteltes Computerprogramm. Eines, was auf dem für euch höchstmöglichen Stand ist, eines, was effektiv und vollkommen arbeitet. Nun: Dieses Programm ist bereits in euch vorhanden. Bisher habt ihr euch nur noch nicht die Mühe gemacht, damit zu arbeiten beziehungsweise es wahrhaftig zu nutzen. Es bedeutet, dass ihr jetzt von einem, der glaubte, kein solches System zu besitzen beziehungsweise zu brauchen, euch wandelt zu einem Spezialisten auf diesem Gebiet. Nämlich:

euch selbst kennenzulernen;

euer Energiesystem kennenzulernen.

Langsam, aber sicher werdet ihr es beherrschen lernen.

Schritt für Schritt.

Natürlich euer Wollen vorausgesetzt.

Und dieses System ist so wunderbar,
so vielfältig und mannigfaltig,
so liebevoll und wunderschön,
wie ihr es euch mit euren äußeren Sinnen
niemals vorstellen könnt.
Jeder irdische Computer ist dagegen so gut wie nichts.

**Denn ihr seid mit allen und allem verbunden.
Ständig.
Könnt alle Daten sofort abrufen.
Alles Wissen, was ihr braucht, sofort haben,**

**falls ihr euer eigenes System
beherrschen lernen wollt.**

Dieses System ist in eurem Inneren.

Dort wartet es darauf,
von euch entdeckt
und
genutzt zu werden.

Setzt die letzte Übung, die ich euch gab, fort.
Fügt jetzt jedoch noch diese kleine Übung hinzu:

Werdet ganz still,
genießt das Gefühl der Liebe und Dankbarkeit,
was euch in der vorangegangenen Übung
schon so leicht zufällt.

**Und erst,
wenn ihr euch im Gefühl
von D a n k b a r k e i t und L i e b e befindet,
dann stellt euch selbst innerlich diese Frage:**

Mein liebes Höheres Selbst,
ich bitte dich,
mir jetzt deine Anwesenheit zu zeigen.

Bitte sende mir ein Zeichen,
durch das ich dich immer wiedererkenne
und so sicher sein kann,
dass ich mit dir, mein liebes Höheres Selbst,
in Verbindung bin.

Dieses Zeichen wird bei jedem von euch sehr individuell sein.
So, wie auch ihr individuell seid.

Vergewissert euch die ganze Woche lang jedes Mal, wenn ihr in die Stille geht, dass euch euer Höheres Selbst ein Zeichen gibt. Es wird jedes Mal das gleiche Zeichen sein. Auf jeden Fall muss es angenehm sein – mit euch im Einklang sein. Egal, was es auch ist (eine Bewegung? eine Vision? etwas Hörbares?), es muss euch angenehm erscheinen. Denn die Verbindung mit eurem Höheren Selbst ist eure ureigene Verbindung! Wie also könnte sie unangenehm sein? Lasst euch durch nichts entmutigen! Ihr seid jetzt vorbereitet, eine bewusste Verbindung aufzunehmen, um eure innere Stimme wieder wahrzunehmen. Und dieses Zeichen dient eurer Sicherheit. Genauso, wie es bei Computersystemen Antivirenprogramme gibt, so dient dieses Zeichen dazu, dass ihr euch sicher fühlen dürft, auch wirklich mit eurem Höheren Selbst in Kontakt zu sein, anstatt mit irgendetwas anderem.

**Führt alle Übungen
i m m e r
mit H i n g a b e und L i e b e aus.**

Erinnert euch:
Es ist die Frequenz der Liebe, aus der ihr kommt.
Also ist es erforderlich,
euch jetzt wieder auf diese Frequenz einzustellen.
Von dort aus könnt ihr nur angenehme Erfahrungen machen.
Freut euch!
Denn ihr seid Freude.

Wisst ihr noch, was "Übung" bedeutet?
Lasst euch ein auf euer strahlend schönes Sein.
Werdet wieder ganz.

Das Reinigen und Verschließen der Aura

Bitte geht nicht weiter,
bevor ihr euch ganz sicher seid,
jetzt ein deutliches, ganz persönliches Zeichen
von eurem Höheren Selbst erhalten zu haben.

Denn ohne dieses Zeichen wäre es möglich, dass ihr mit irgendetwas oder irgendwem anderen als euch selbst kommuniziert. Alles in der gesamten Schöpfung ist eins. Alles ist aus derselben Liebe Gottes erschaffen. Darum ist es auch möglich, dass alles mit allem in Verbindung sein kann. Hierbei kommt es stark auf das Gesetz der Resonanz an. Dieses besagt, dass alles, was auf der gleichen Frequenz (ihr nennt es oft spaßhaft "Wellenlänge") liegt, sich anzieht beziehungsweise miteinander übereinstimmt. Das ist eine wunderbare Sache. Sie ist einfach und zuverlässig und wirkt immer. Egal, ob ihr von dieser Wirkung wusstet oder nicht. Sie wirkt. Immer.

Deshalb ist es auch sehr wichtig, sogar mit das Allerwichtigste, euch stets bewusst zu sein, was ihr aussendet. Nämlich deshalb, weil auf alles, was ihr aussendet, ihr ebenso etwas empfangt. Und das wird genau das sein, was mit dem, was ihr ausgesendet habt, in Resonanz ist. Meist geschieht alles unbewusst. Ihr denkt zwar, dass ihr etwas Schönes, Liebevolles aussendet, aber da wären noch die Gedanken von euch zu beachten, die aus eurem Unterbewusstsein stammen.

Denn genau diese sind es,
auf die die gesamte Welt um euch herum reagiert.

Das ist ein wunderbares Gesetz, dieses Resonanzgesetz.
Unfehlbar und verlässlich.
Eigentlich müsste es doch ganz einfach sein.
Du denkst liebevolle Gedanken und somit
kannst du nur Liebevolles in deinem Leben empfangen ...

Welcherlei Gedanken habe ich?
Diese entscheidende Frage
solltet ihr euch ständig stellen.
Denn sie ist entscheidend!
Sie entscheidet den Verlauf eures Lebens.

Habt ihr schon einmal versucht
– auch nur fünf Minuten lang – ,
an nichts Negatives zu denken?
Versucht es bitte ganz bewusst.

Nur fünf Minuten lang?
Das kann doch wohl nicht allzu schwierig sein? Denkt ihr so?
Dann habt ihr es noch nicht ausprobiert.

Folgt jetzt bitte fünf Minuten lang euren Gedanken.
Jedem einzelnen.
Werdet euch dessen bewusst,
wie viele Gedanken der Nichtliebe in euch aufsteigen,
obwohl ihr jetzt diese fünf Minuten lang
nur liebevoll denken wolltet.

Beobachtet euch selbst ganz genau. Wie ist das Resultat? Ein Tag hat vierundzwanzig Stunden. Wie wäre das Resultat, wenn ihr jetzt einen Durchschnitt errechnen würdet? Seid ihr jetzt über euch selbst erschreckt? Seid das nicht, sondern seid dankbar, jetzt erfahren zu haben – in nur fünf Minuten Praxis – , wie hoch die Wichtigkeit ist, stets und ständig auf seine eigenen Gedanken zu achten.

> Denn diese Gedanken bringen alles in euer Leben,
> genau das, was mit ihnen in Resonanz ist.

Seht euch euer eigenes Ergebnis an ... und bitte betrügt euch nicht selbst: Was also habt ihr für Gedanken, wenn ihr nicht ganz bewusst auf sie achtet? Welche schleichen sich dann ein? Ohne dass ihr sie bemerkt, schleichen sie sich ein. Woher kommen sie? Wenn doch euer eigenes Höheres Selbst vollkommene Liebe ist, wie sollten sie dann von ihm kommen? Da muss zwangsläufig noch eine andere Gedankenquelle existieren. Oder vielleicht sogar mehrere? Besonders die Gedanken, die sich unbemerkt bei euch eingeschlichen haben und es sich jetzt in eurem Unterbewusstsein gemütlich gemacht haben, besonders diese sind gefährlich für euch. Denn ihr wisst nicht einmal, dass sie da sind. Und weil ihr nicht wisst, dass sie existieren, könnt ihr auch nicht wissen, was ihr wirklich aussendet.

> Denn euer Unterbewusstsein ist eine geniale Erfindung!
> Es sendet ständig aus, was dort abgespeichert ist,
> um möglichst schnell alles zu empfangen,
> was notwendig ist,
> um alles in Erfüllung gehen zu lassen,
> was von dort aus gewünscht wird.

Natürlich haben auch eure Gedanken,
die ihr bewusst aussendet, eine starke Wirkung.
Jedoch ist der Wirkungsgrad abhängig
von der Beständigkeit und dem Wollen dessen,
was ihr aussendet.

Freut euch über euer Unterbewusstsein.
Denn es ist euch ein ergebener Diener.
Es arbeitet ständig
und ohne Unterbrechung für euch.

Stellt euch vor, ihr müsstet ständig daran denken, was zu denken ist, damit dies und das geschehen soll? Ihr wäret total überfordert und hättet keine Zeit mehr, eure Zeit mit irgendetwas anderem zu verbringen. Aber ihr solltet auch wissen, was ihr in eurem Unterbewusstsein gespeichert habt. Wie aber sollt ihr das anstellen? Es fällt euch doch schon schwer genug, nur fünf Minuten lang eure bewussten Gedanken zu kontrollieren. Wie also wollt ihr dann herausfinden, was ihr in eurem Unterbewusstsein denkt?

Euer Höheres Selbst kann euch helfen.
Es wartet sogar schon darauf,
dass ihr endlich mit ihm in Kommunikation gehen könnt.

Euer Höheres Selbst kennt alle Gedanken
eures Unterbewusstseins.

Und mit seiner Hilfe seid ihr sogar in der Lage,
euer gesamtes Unterbewusstsein umzuprogrammieren.
Nämlich mit einem Inhalt, der euch dienlich ist!

Deshalb ist es so wichtig,
sich des persönlichen, deutlichen, angenehmen Zeichens
eures Höheren Selbstes sicher zu sein.

Es ist eure Garantie,
auch wahrhaftige Ergebnisse zu erzielen.
Weiterhin wäre es möglich,
dass ihr jemandem oder etwas ganz anderem zuhört,
der nicht in geringster Weise
eurem eigenen Höheren Selbst entspricht!

**Bedenkt,
dass ihr mit allen und allem kommunizieren könnt!
Und es ist von höchster Priorität,
zu wissen,
woher die Informationen kommen,
die ihr empfangt.**

Bisher habt ihr empfangen, ohne den Absender zu kennen! Wenn der Postbote kommt und euch ein teures "per Nachnahme-Paket" bringt, was ihr nicht bestellt habt ... Was macht ihr? Nehmt ihr es an? Einfach so, aus Neugierde? Ihr müsstet im Voraus dafür bezahlen, obwohl ihr den Inhalt nicht kennt. Oder würdet ihr sagen: Nein, danke, schicken Sie dieses Paket zurück zum Absender, das habe ich nicht bestellt!

Jeder hat die Wahl.

Bisher habt ihr alles angenommen, alles empfangen,
weil ihr nicht wusstet,
dass ihr überhaupt so vieles empfangt.

Meist kam der Postbote sogar heimlich, um euch die Gedanken (Pakete) zu bringen, die ihr im Wachzustand ablehnen würdet – beziehungsweise zurücksenden würdet – ungeöffnet.

Wenn ihr jetzt also Lust dazu verspürt, in eurem Unterbewusstsein aufzuräumen, so solltet ihr gleich jetzt damit beginnen. Doch außer dem Zeichen eures Höheren Selbstes ist noch eine andere, wichtige Sicherheitsvorkehrung zu beachten. Bedenkt, dass ihr mit eurem Höheren Selbst nur auf der Frequenz der Liebe kommunizieren könnt. Also müsstet ihr bereits in der Lage sein, euch ständig auf dieser Frequenz zu befinden. Aber dem ist nicht so, und deshalb ist es wichtig:

> vor jeder gewollten Kommunikation
> erst die eigene Aura zu reinigen
> beziehungsweise zu schützen.

Damit keine unerwünschten Gäste Eintritt haben, verschließt man an seinem Haus oder seiner Wohnung die Tür.

**Ebenso ist es möglich,
auch seine Aura vor unerwünschten Wesen
zu verschließen.**

**Dann können nur noch
Gedanken der Liebe passieren,
anderen ist der Zutritt nicht gestattet.**

Das ist sehr wichtig für eure Sicherheit,
auch wirklich Gedanken von eurem Höheren Selbst
empfangen zu können.

Nachdem ihr in Meditation gegangen seid
und das Zeichen von eurem Höheren Selbst empfangen habt,
so beginnt nun voller Liebe damit,
eure Aura zu reinigen,
das heißt,
sie von unerwünschten Wesen,
die euch beeinflussen könnten,
zu befreien.

Bedenkt hierbei jedoch,
dass diese unerwünschten Wesen hergekommen sind,
weil sie vergessen haben,
dass sie selbst ein eigenes, wunderschönes Zuhause haben.
Sie glauben, sie seien Obdachlose
und müssten deshalb bei euch wohnen
beziehungsweise sich heimlich Wohnung verschaffen.

**Demzufolge begegnet ihnen
v o l l e r   L i e b e,
denn dann werden sie sich
an ihren eigenen Ursprung der Liebe erinnern
und
f r e i w i l l i g
sich dorthin zurückführen lassen.**

Auch hierbei hilft euch euer eigenes Höheres Selbst,
denn es ist sich all' dessen voll bewusst.
Es kennt die Ursachen und die Wege.
Es braucht lediglich euren freien Willen,
damit es wirken kann.
Ihr seid die Befehlshaber!

Euer Höheres Selbst weiß, dass ihr hier seid, um auf der Erde ein Spiel zu spielen, und greift deshalb nicht ein, bevor ihr es ihm erlaubt. Und immerhin seid ihr jetzt unter den Menschen, die bereits wieder wissen, dass in jedem von euch dieses wundervolle, strahlend schöne, wahre Höhere Selbst existiert.

Mein liebes Höheres Selbst
– seid euch des Zeichens sicher –
bitte, reinige jetzt meine Aura.
Befreie jetzt meine Aura von allen unerwünschten Wesen
und führe sie zu ihrem eigenen lichtvollen Ursprung zurück.

Ihr werdet fühlen,
dass sich etwas "um euch herum" in eurer Aura ereignet.
Vielleicht fühlt ihr euch nur ein wenig anders.
Irgendwie werdet ihr die Veränderung spüren.
Auf jeden Fall müsst ihr euch danach besser fühlen.
Mehr als euch selbst fühlen,
anstatt euch fremd beeinflusst gefühlt zu haben.

Wenn ihr fühlt, dass die Reinigung beendet ist,
so sprecht weiter:

Ich verschließe jetzt meine Aura
und ich sende Liebe und Licht
an meine gesamte Umgebung.

Übt dieses Reinigen und Verschließen eurer Aura gewissenhaft. Ihr werdet genügend Gelegenheiten dafür finden. Nämlich jedes Mal, wenn ihr euch unwohl fühlt oder plötzliche unwohle Gedanken habt, könnt ihr euch sicher sein, dass eure Aura nicht mehr gereinigt ist. Irgendwann, wenn ihr nur noch in der Frequenz der Liebe sein könnt, wird eure Aura ganz von selbst rein bleiben. Aber solange das noch nicht der Fall ist, so reinigt und verschließt sie immer und immer wieder.

Auch in Situationen von Streit oder Krankheit oder wenn ihr negative Nachrichten hört oder anseht oder ein Kollege euch übel gelaunt erscheint, das heißt, in allen Situationen, die euch naturgemäß unangenehm sind, reinigt und verschließt eure Aura.

Das ist eine sehr wichtige Übung. Anfangs wird es nicht leicht sein, stets daran zu denken. Aber, wenn ihr es kontinuierlich übt, so werdet ihr sehr bald die Wichtigkeit selbst herausfinden. Es wird so natürlich sein wie atmen oder essen. Bis es aber soweit ist: üben, üben, üben ...

Es ist wie Autofahren oder Fahrradfahren. Anfangs ist es ungewohnt und ihr braucht viel Aufmerksamkeit dafür. Nach einiger Übung jedoch läuft alles ganz einfach und automatisch ab. Ihr überlegt nicht mehr, wie man am besten ein Fahrrad in Bewegung setzt, sondern ganz selbstverständlich setzt ihr euch darauf und fahrt los. Ihr genießt sogar die Fahrt, anstatt euch auf Pedale, Bremse und Lenkung zu konzentrieren. Übt. Nur durch Übung fällt euch alles spielend leicht.

Anders ist kein a n h a l t e n d e r Fortschritt möglich.

Diese Übung ist essentiell für euer weiteres Leben:

nämlich ein selbstbestimmtes Leben,
das euch hinführt zu Frieden und Glück.
Alle Eigenschaften, die ihr euch so sehr wünscht.

Ich freue mich,
euch auf dieser Reise

– hin zu euch selbst –

begleiten zu dürfen.

Om Namaha Shivaya

Babaji

Veränderungen

Babaji: Wie war dein Leben in den vergangenen Wochen für dich?

Shantima: Sehr turbulent. Auch schmerzhaft turbulent. Doch im Nachhinein ist aus jedem durchlebten Schmerz etwas wunderbar Neues entstanden.

Babaji: Wolltest du diesen Schmerz erleben?

Shantima: Nicht wirklich. Ich wusste, dass es sein muss, weil ich sonst meine eigene Entwicklung blockiert hätte. Aber wollen? Ich habe es wohl eher als unwillkommene Notwendigkeit angesehen.

Babaji: Je schneller ihr bereit seid, durch eure uralten Themen, die ihr so viele Inkarnationen schon ungelöst vor euch herschiebt, hindurchzugehen, desto schneller kann die dadurch mögliche Transformation geschehen. Je mehr ihr euch aber sträubt, endlich den Schmerz zuzulassen, das heißt, buchstäblich ihn noch einmal in seiner ganzen Tiefe zu erleben, desto langsamer entwickelt ihr euch. Denn es ist ein Naturgesetz, dass erst alte Muster oder Themen, die ihr lange Zeit verleugnet habt, heilen müssen, bevor der fruchtbare Boden für Neues, Wunderbares bewirtschaftet werden kann.

Du fühltest dich absolut unwohl, dieses dich persönlich betreffende Thema anzuschauen. Dennoch hast du darum gebeten, dass eine Änderung eintreten darf. Du wusstest innerlich bereits, dass eine solche Zustimmung auf Veränderung dir eventuell auch schmerzliche Themen in dein Leben bringen wird. Dennoch wolltest du so, wie du dich in letzter Zeit gefühlt hast, nicht mehr weitermachen. Warum?

Shantima: Weil ich deutlich spürte, dass irgendetwas in meinem Unterbewusstsein verharrte, welches ich absolut nicht sehen wollte. Ich wusste nicht einmal genau, worum es sich handelte. Erst als unter deiner liebevollen Führung Lebenssituationen entstanden, die mir die Möglichkeit gaben, diesen alten, vergrabenen Schmerz aufzuwühlen, konnte alles an die Oberfläche kommen. Und dann kamen die Tränen. Es waren viele, aber heilsame. Dass sie heilsam gewesen sind, wurde mir allerdings erst bewusst, als alles durchgestanden war beziehungsweise ich mich freiwillig von meinem alten Muster gelöst habe.

Babaji: Welch' Befreiung!

Shantima: Ja. ich danke dir, auch all' den Menschen, die daran beteiligt waren. Jetzt bin ich froh und glücklich, dass mein Leben so eine wunderbare Wendung genommen hat. Doch während des "Prozesses" fühlte ich mich so schrecklich wie seit langem nicht.

Babaji: Vielleicht solltest du noch erwähnen, dass diese schmerzhafte Situation nicht plötzlich in dein Leben getreten ist.

Shantima: Oh – es gab viele, viele kleinere Vorzeichen, die immer größer wurden. Aber ich selbst wollte sie nicht wahrhaben und habe immer wieder versucht, dieses unangenehme Thema zu verdrängen. Das Resultat waren immer größere Gelegenheiten, es endlich anzuschauen. Das zog sich so lange dahin, bis es mir nicht mehr möglich gewesen ist, wegzuschauen. Als es dann (im Nachhinein) endlich soweit war, dass ich alles fühlen musste, ging es recht schnell vorüber. Gefolgt von Tränen der Freude.

Babaji: Was hast du persönlich daraus gelernt?

Shantima: Ich hoffe, gelernt zu haben, dass ich beim nächsten Mal besser auf die Vorzeichen achte und bereits diese anschaue, ohne sie zu verdrängen, damit diese Art Vorzeichen sich nicht so lange verstärken müssen, bis sie unerträglich geworden sind.

Babaji: Genau das solltest du tun. Wobei es sich weniger ums Tun als ums Sein handelt! Denn bei all diesen Vorzeichen hast du etwas Wichtiges außer Acht gelassen: gegenwärtig zu sein. Denn euer größter Schmerz ist in euch aus irgendwelchen vergangenen Zeiten. Diesen schleppt ihr mit euch herum, obwohl ihr ihn überhaupt nicht mehr herumschleppen bräuchtet.

Es ist so, als würdet ihr einen Rucksack voller Backsteine schleppen, die ihr aber nur dazu benutzt, euch bei jeder Bewegung diese schweren Steine aufzubürden. Wenn ihr dann schlaft, legt ihr den Rucksack ganz nah zu euch hin, damit ihr ihn sofort beim Erwachen wieder umschnallen könnt. So verrückt es klingt, dieses Beispiel, so verrückt ist es auch, was ihr mit dem Schmerz eurer Vergangenheit tut. Ihr könntet den Rucksack auspacken und aus diesen alten Steinen etwas Schönes bauen. Danach habt ihr einen leeren Rucksack, den ihr anfüllen könnt mit Dingen, die ihr wirklich braucht. Und achtet bitte diesmal genau darauf, womit ihr euer Leben beschwert!

Nur wenn ihr diesen umgefüllten Rucksack mit Freude tragt, dann habt ihr das für euch Richtige eingepackt.

Seid wachsam!

Zurzeit geschehen scheinbar viele schmerzvolle Dinge auf der Erde. Seien es Trennungen, Scheidungen, Beendigungen, oder aber es kann nichts mehr heimlich geschehen, was nicht in Liebe ist. All diese sogenannten schmerzhaften Erlebnisse sind es, die euch aufwecken! Die euch die Möglichkeit geben, zu wachsen beziehungsweise euren Rucksack zu entleeren von altem, unbrauchbar Gewordenem. Seid dankbar, diese Gelegenheiten erleben und erfahren zu dürfen. Denn sie sind allesamt die entscheidenden Wendepunkte in eurem Leben. Ansonsten hättet ihr vielleicht bis an euer diesmaliges körperliches Lebensende weiter herumgewurschtelt. Ohne in die Tiefe zu gehen. Ohne wirkliche, wahrhaftige Erfahrungen zu machen. Ohne wahrhaftig zu sein.

Seid allen dankbar,
die euch zu solchen Gelegenheiten verhelfen!

Denn meist gehen diese Situationen
s c h e i n b a r
von anderen Menschen aus,

oder es sind Situationen, die ihr
s c h e i n b a r
nicht selbst erschaffen habt.

Jedoch wisst ihr, dass es so nicht sein kann.

Denn jeder erschafft sein eigenes Leben!

**Andere spielen in eurem Lebensspiel mit,
so wie ihr bei anderen mitspielt.**

Ihr selbst inszeniert euer eigenes Theaterstück.

Ihr selbst seid der Hauptdarsteller
und gleichzeitig der Regisseur.

Ihr selbst seid auch der Autor und auch der,
der in der Lage ist,
dieses Theaterstück umzuschreiben,
das heißt,
ihm eine andere Richtung zu geben.

Wenn ihr das tut, dann müssen vielleicht neue Rollen besetzt werden. Entweder nehmen die bisherigen Darsteller andere Rollen an, oder aber sie verabschieden sich aus diesem Schauspiel, da es ihnen nicht mehr liegt. Es werden andere Darsteller kommen, um die neuen Rollen zu übernehmen. Alles geschieht genau so, wie der Regisseur es anordnet.

Und der Regisseur seid ihr selbst.

Wenn euch also eure Hauptrolle
in eurem eigenen Theaterstück nicht mehr zusagt
– obwohl ihr sie vielleicht sogar bisher gern gespielt hattet –,
so wird es Zeit,
das Drehbuch umzuschreiben.
Zu verändern.

Alles ist möglich!
Und zuallererst ist es in eurem Denken möglich.

Die äußeren Bedingungen werden folgen.
Genau in der Reihenfolge und Größe, wie ihr denkt.

Shantima: Das klingt vollkommen logisch und einfach. Weshalb aber sträuben wir uns so oft, willkommene Veränderungen wirklich zuzulassen?

Babaji: Meist aus Bequemlichkeit. Die alte Rolle beherrscht ihr: Ihr leiert sie blindlings ab. Für eine neue Rolle gibt es neue Texte zu lernen, neue Kulissen oder Kostüme zu erstellen. Oder aber, sich von lieb gewonnenen Darstellern zu verabschieden, fällt euch schwer. Ihr glaubt, dass ihr ohne euer bisheriges Umfeld nicht glücklich sein könnt. Das Verrückte hierbei ist, dass ihr euch in eurer alten Rolle unwohl fühlt, Veränderungen wollt, was gleichzusetzen ist mit nicht glücklich sein. Aber dennoch habt ihr Angst vor Neuem! Ich höre euch oftmals denken: "Es könnte ja noch schlimmer kommen ..."

Ihr sperrt euch selbst ein. Verhindert selbst euer Wachstum! Aber selbst das ist ein Geschenk Gottes an die Menschheit! Denn wer sich selbst einsperrt, ist auch in der Lage, sich selbst wieder zu befreien. Und wer selbst sein eigenes Wachstum verhindert, ist auch in der Lage, etwas zu tun, sein Wachstum zu beschleunigen! Oftmals genügt es hier schon, das Wachstum Behindernde zu beseitigen. Sehr, sehr oft sind es nur ganz kleine Schritte, die zu großen wunderbaren Veränderungen führen.

**Aber diese Schritte
– und seien sie auch noch so klein –
wollen gegangen werden.**

Von euch selbst.

Erkennt, dass ihr selbst es seid,
die ihr euer eigenes Leben in euren Händen haltet.

Erkennt, dass ihr selbst es seid,
die ihr vollkommen dazu in der Lage seid,
euer Leben zu verändern.

Erkennt, dass schon winzig kleine Schritte
e u r e r s e i t s
gewaltige Auswirkungen haben!

Erkennt, dass ihr in Wahrheit Liebe seid!
Liebe, die endlich wieder von euch selbst
in euch selbst
entdeckt werden möchte.

Erkennt, wer ihr in Wahrheit seid!
Denn somit fallen euch alle Schritte,
die ihr zu gehen habt, leichter.
Denn somit glaubt ihr immer mehr an eure eigene Kraft!

Denn somit erkennt ihr,
dass ihr selbst die Lenker eures Lebens seid!
Wacht auf, um zu leben!
In Liebe.

Was sind Gefühle?

Babaji: Es sind Eigenschaften, die erlebt werden. Es handelt sich um lebendige Situationen. Oftmals erlebt ihr Tage in eurem Leben, die "so la la" vorübergehen. An diese Tage werdet ihr euch später nicht erinnern. Aber an alle Ausnahmesituationen – diese, in denen ihr tiefe Gefühle hattet – werdet ihr euch erinnern. Genau diese Gefühlssituationen sind es, die euer Leben bestimmen.

Jeder von euch hat die Erfahrung gemacht, dass es angenehme Gefühle gibt, das heißt, jene, die ihr als "euch glücklich fühlend" bezeichnet. Aber auch jene Gefühle, mit denen ihr euch elendig fühlt, existieren. Allzu oft überwiegen derlei Gefühle, die ihr als unangenehm einstuft, in eurem Leben. Somit fühlt ihr euch insgesamt mehr unglücklich als glücklich. Wie aber könnt ihr euer Leben ändern – hin zum Glücklichsein?

Sehen wir uns gemeinsam ein Beispiel an, eines, welches jeder in einer ähnlichen Weise bereits durchlebt beziehungsweise durchfühlt hat:

Stellt euch vor,
es gibt nur noch glückliche Menschen auf dieser Welt!

Welch' Freude!
Welch' Friede!
Welch' wundervolles Leben!

Könnt ihr daran glauben?
Daran glauben, dass so etwas möglich ist?

Mit eurem abwägenden Verstand könnt ihr euch diese Vorstellung nicht einmal ausdenken, denn er hat allzu oft in unglückliche Gesichter geschaut oder in Gesichter, die nur zeitweise oder teilweise glücklich gewesen sind!

Nun bitte ich euch, es euch trotzdem vorzustellen. Stellt euch eine vollkommen glückliche Erdbevölkerung vor!! Wieso seid ihr es nicht bereits? Denn es ist doch ziemlich deutlich erkennbar, dass es das Ziel von jedem einzelnen Menschen ist, glücklich zu werden!

Shantima: Weil wir nicht wissen, wie. Weil die meisten von uns nicht wissen, wie anhaltendes, dauerhaftes Glück zu erfahren ist. Weil die meisten von uns glauben, dieses Auf und Ab des Lebens gehört zum menschlichen Dasein dazu. Weil wir vergessen haben, dass wir in Wahrheit tief in unserem Inneren Glück finden können. Und selbst dann, wenn wir wissen, dass wir nur nach innen zu gehen bräuchten, so lassen die meisten von uns sich immer und immer wieder ablenken, hin zu den Äußerlichkeiten dieser Erde.

Babaji: Das ist ein weit verbreitetes Phänomen unter euch Menschen:
>Zu wissen,
>was gut für euch ist, und es dennoch nicht zu tun.

>Zu wissen,
>dass viele eurer alten Gewohnheiten
>euch erheblichen Schaden zufügen
>und dennoch nicht damit aufzuhören.

Zu wissen,
was der richtige Weg ist
und ihn dennoch hartnäckig nicht zu gehen.

Zu wissen,
dass eine Veränderung gut ist
und dennoch im alten, unglücklich machenden Trott
zu bleiben.

**Zu wissen ist die eine Seite,
aber es auch wirklich umzusetzen,
dieses Wissen,
ist die andere Seite.**

Die Erstere nennt ihr Theorie.
Darin seid ihr alle besonders gut.

Die andere Seite heißt Praxis.
Hier habt ihr alle vielerlei Ausreden,
nicht wirklich praktisch anzuwenden,
was euch theoretisch längst eindeutig bekannt ist!

Das glaubt ihr nicht?

Jeder Raucher weiß, dass es ihm schadet zu rauchen, aber er raucht trotzdem. Jeder Trinker kennt die Tücken des Alkohols, aber er trinkt trotzdem. Jeder Esser weiß um die Schädlichkeit vieler Nahrungs- und Genussmittel, aber er isst sie trotzdem. Jeder weiß, dass es ungesund ist, zu spät schlafen zu gehen, aber bleibt dennoch unnötig lange wach, um die Verlockungen der Nächte zu erleben. Jedes Kind weiß, dass es manchmal besser auf die Mutter hören sollte, aber es weigert sich trotzdem. Jeder weiß etwas, was ihm schadet, und dennoch hat er nicht die Kraft, den Mut und die Ausdauer, es zu beenden.

Warum aber das so ist, darüber sollten wir jetzt gemeinsam nachdenken: Mit einem einzigen Wort ist alles gesagt. Meist handelt es sich um Gewohnheiten. Das bedeutet, dass ihr gewohnheitsgemäß Dinge tut oder lasst, nur weil ihr glaubt, dass es so sein müsse. Was aber ist es, was es euch so schwer macht, alte Gewohnheiten zu durchbrechen? Was ist so schwierig daran, eine alte Gewohnheit aufzugeben?

Shantima: Die Angst vor Veränderung, von der man nicht weiß, wie sie sich auswirken wird?

Babaji:

Veränderung ist der Feind der Gewohnheit.

Somit ist es völlig logisch,
dass Gewohnheiten sich mit aller Macht sträuben,
verändert zu werden.
Denn meist bedeutet es,
dass sie dann aufhören zu existieren.

Eure eigenen Gewohnheiten sind es, die euch Fesseln anlegen. Natürlich sind diese Fesseln scheinbar unsichtbar, also scheinbar gar nicht da! Denn jeder Raucher redet sich ein, aufhören zu können. Jeder Trinker glaubt dasselbe. Jeder Mensch glaubt, sofort beenden zu können, was ihm nicht gut tut, wenn er es ernsthaft wollen würde.

Das ist sogar die Wahrheit.
Aber wann?
Wann ist der Zeitpunkt, alte Gewohnheiten
e r n s t h af t
aufzugeben?

Ihr glaubt,
dass sich der Zeitpunkt irgendwo in der Zukunft befindet
und ihr nichts weiter zu tun braucht,
als auf diesen imaginären Zeitpunkt zu warten.

Die Zukunft:
Wann wird sie euch den Zeitpunkt bringen?
Meint ihr immer noch,
irgendetwas in eurem Leben ereignet sich
ohne euer eigenes Zutun?
Ohne eure eigene Entscheidung?

Wenn ihr wollt,
dann wartet,
wartet,
wartet
und wartet.

Seht zu,
wie die Zeit verrinnt,
seht zu,
wie ihr immer älter werdet,
nur um irgendwann zu jammern,
dass ihr den richtigen Zeitpunkt
einer Änderung verpasst habt ...

Ist euch das schon je aufgefallen? Die, die 80 sind, werden sagen, dass man mit 70 noch alle Möglichkeiten hat. Die 70- jährigen erzählen den 60- jährigen, wie jung sie noch sind im Gegensatz zu ihnen. Die 60- jährigen behaupten gerne, dass mit 50 noch alles möglich gewesen wäre. Die 50- jährigen glauben, dass sie mit 40 noch etwas hätten ändern können. Die 40- jährigen erzählen den 30- jährigen, dass 30 das beste Alter ist. Die 30- jährigen reden mit den 20- jährigen so, als hätten sie "damals" noch viel mehr Power gehabt. Die 20- jährigen glauben, seit sie 18 geworden sind, ist alles vorbei. Und die 18- jährigen werden von den 16- jährigen bewundert. Die 14- jährigen eifern den 16- jährigen nach. Die 12- jährigen wissen noch nicht so genau, ob sie sich an den 14- jährigen orientieren sollten, oder ihr Kind-Sein noch genießen sollen. Die, die noch Kinder sind, glauben, dass spätestens mit 16 alles schon vorbei ist und man alt ist.

Was ist das für eine Verrücktheit!!
Anstatt jedes Alter gegenwärtig zu genießen,
werden sich häufig mehr Gedanken
um andere Altersklassen gemacht.

Ach ... damals ...
Später, wenn ich groß bin ...
Wenn ich erst 18 bin, dann ...
Wenn ich in Rente bin, dann ...
Wenn meine Kinder groß sind, dann ...
Wenn ich die Karriere erfolgreich beendet habe, dann ...

Wenn ... , dann ...

Was soll das? Wisst ihr, was ihr euch selbst antut mit solcherlei Verrücktheit? Mit der Verrücktheit, alles in die Zukunft oder Vergangenheit zu schieben?

**Habt ihr denn ganz vergessen,
dass es nur einen einzigen richtigen Zeitpunkt gibt?
Einen von euch selbst bestimmten Zeitpunkt,
eine Veränderung in eurem Leben einzuleiten?**

**Ohne wenn und dann.
Sondern jetzt.**

**Ohne wenn und aber.
Einfach nur jetzt.**

Morgen könnte es bereits zu spät sein,
oder ihr habt den richtigen Zeitpunkt verpennt,
weil ihr glaubt,
er befindet sich nicht in der Gegenwart.

Hört bitte damit auf, euch selbst etwas vorzumachen.

Seid ehrlich zu euch selbst.

Das allein wird große Veränderungen in euer Leben bringen.

Seid ganz ehrlich zu euch selbst und findet die wahren Gründe für eure Gewohnheiten, die euch schaden beziehungsweise eure Entwicklung hemmen, heraus. Denn dadurch werdet ihr in der Lage sein, selbst über eure Gewohnheiten, das heißt, über euer Leben, und somit eure Gefühle, zu bestimmen.

Denn Gewohnheiten und Gefühle
hängen sehr stark voneinander ab.
Sie sind befreundet.

Mit jeder Gewohnheit ist ein bestimmtes Gefühl verknüpft!

Und diese Verknüpfung ist es,
die ihr jetzt endlich und wahrhaftig aufspüren solltet.
Wenn ihr die Verknüpfung erkennt,
so kennt ihr den Grund für eure Gewohnheit.

Denn oftmals ist es so,
dass ihr versucht,
ein ganz bestimmtes Gefühl
mit Hilfe einer ganz bestimmten Gewohnheit zu erreichen.

Hier ist euer Ansatzpunkt:

Erkennt das Gefühl, das ihr anstrebt,
und somit erkennt ihr den Grund eurer alten Gewohnheit.

Es ist wie eine Enttarnung. Und etwas, was enttarnt ist, könnt ihr anschauen. Geradewegs und ohne Umwege. Ihr braucht nicht mehr Angst davor zu haben, dass ihr irgendein Gefühl verlieren könntet, welches ihr liebgewonnen habt, denn jetzt ist es euch möglich, dieses Gefühl auf andere Weise zu erfahren. Nämlich auf veränderte Weise. Ihr könnt somit eure alte Gewohnheit aufgeben, euch dankbar von ihr verabschieden und euch neue Lebenssituationen angewöhnen, die euch dienlich sind, das heißt, die euch wirklich diese Art von Gefühl erschaffen, nach welcher ihr euch sehnt.

Meistens ist das Ziel, glücklich zu sein.

Und dieses Ziel gibt es.
Allerdings müsst ihr es in eurem eigenen Inneren suchen.
Jeder in sich selbst.

Somit könnt ihr auch nicht andere glücklich machen,
bevor ihr nicht s e l b s t glücklich seid.

Alle tragen Wunden der Vergangenheit mit sich herum, die sie unbemerkt in die Zukunft schleppen, weil sie die Gelegenheiten der Gegenwart versäumen, eine Veränderung hervorzurufen.

Vertrödelt euer Leben nicht!

Es ist ein kostbares Geschenk,
als Mensch geboren zu sein.
Eine einmalige, kostbare Gelegenheit,
sich selbst kennenzulernen,
das heißt,
sich wieder selbst zu finden.

Vertrödelt eure Zeit nicht mehr!

Hört auf,
immer auf den richtigen Zeitpunkt zu warten,
der eurer Meinung nach irgendwo in der Zukunft
auf euch wartet.
Vielleicht wartet er sogar.
Aber er kommt nicht zu euch,
sondern ihr müsst euch in Bewegung setzen, ihn zu finden.

Und in Bewegung setzen könnt ihr euch immer nur in der Gegenwart. Wenn ihr glücklich sein wollt, das heißt, glückliche Gefühle haben möchtet: Nun, dann erschafft euch selbst Momente des Glücks.

**Achtet die Gegenwart
als euren besten und treuesten Freund.**

Eure Gefühle erschafft ihr euch selbst. Jeder Einzelne seine spezifisch einzigartigen Empfindungen. Demzufolge sind Lebenssituationen, die von außen betrachtet werden, immer anders, als wenn sie von vielen gleichzeitig aus ihrem eigenen Inneren betrachtet werden. Was den Einen umhaut, berührt einen Anderen nicht. Was der Eine für richtig hält, irritiert einen Anderen. Was der Eine tut, interessiert einen Anderen nicht. Es sind also nicht die äußeren Situationen, die euch beeinflussen, sondern das, was ihr zu jeder einzelnen Situation empfindet.

Werdet Herr über eure Gefühle.
Und hört auf, sie zu unterdrücken.
Denn alles, was ihr unterdrückt, sucht sich ein Ventil.
Oftmals in einem Moment,
in dem es für euch unangenehm wird.

Denn alles, was ihr unterdrückt,
muss an die Oberfläche kommen.
Anders ist es nicht möglich.

Meist geschieht es plötzlich und mit Gewalt.
Ein Gefühlsausbruch.
Nicht mehr steuerbar.

Aber danach geht es euch oftmals besser,
selbst wenn
– oder gerade weil –
dieser Ausbruch
einen Bruch mit alten Gewohnheiten hervorgerufen hat.

Seid ehrlich zu euch selbst.

**Denn wenn ihr ehrlich seid zu euch selbst,
so seid ihr auch ehrlich zu anderen.**

**Und dadurch wird es möglich sein,
dass alle glücklich sind.**

Jeder Einzelne ist gefragt.

Ein jeder für sich selbst
und gleichzeitig und automatisch
für alle anderen mit.

Achtet auf eure Gefühle!
Findet eure Verknüpfungen heraus!
Seid dabei offen und ehrlich.

Ehrlichkeit ist eine große Erleichterung!

Habt Mut!
Ihr alle seid hierher gekommen mit großem Mut.

Erinnert euch dessen!

Tiefe Augenblicke

Wenn du bis hierher gekommen bist,
so freue ich mich.
Denn es ist nicht – noch nicht – selbstverständlich,
diesen Weg zu gehen.

Allzuoft sind es eure besten Freunde oder lieben Verwandten, die immer wieder bewusst oder unbewusst versuchen, euch von eurem wahren Weg abzubringen. Sie tun das auf ganz diffuse Weise, nämlich zweifeln sie eure Art zu leben an oder reden euch aus, etwas in eurem Leben zu tun, was ihnen missfallen würde. Oder aber sie lenken eure Aufmerksamkeit hin zu den äußeren Vergnügungen dieser verlockenden Welt. All' das bemerkt ihr oftmals nicht. Es kann auch möglich sein, dass sie eure neu geknüpften Freundschaften anzweifeln, weil sie den Weg dieser neuen Freunde nicht verstehen können, weil es nicht ihrer alten Sichtweise entspricht, sich an Neues zu gewöhnen. Jedenfalls müsst ihr sehr wachsam sein. Denn oftmals geht ihr viele, viele kleine Schritte zurück, bis ihr überhaupt bemerkt, dass ihr rückwärts gegangen seid! Was meine ich mit "rückwärts gehen"?

Ich meine damit eine Bewegung in die Richtung, aus der ihr gekommen seid. Eine Richtung, die euch wieder wegführt von Gott. Eine Richtung, die wieder einmal Zweifel aufkommen lässt an der bisherigen Richtigkeit eures Weges. Eine Richtung, die euch meist auf Umwege oder in eine Sackgasse führt. Eine Richtung, die euch – eurem wahren Sein – nicht gut tut. Das Gefährliche dabei ist, dass es genau diese Richtung ist, in die euch euer eigenes Ego, das heißt, euer eigenes menschliches

Verlangen führen will. Und genau aus diesem Grunde, weil es des Egos Wunsch ist, ein recht Vergnügen bringendes Leben zu haben, bemerkt ihr es nicht! Ihr bemerkt es erst wieder, wenn ihr euch mit all' diesen vielversprechenden äußeren Wünschen und Verlockungen nicht mehr wohl fühlt. Und leider bemerkt ihr es erst an einem sogenannten Tiefpunkt. Es kann eine Krankheit oder ein Unfall sein, eine Meinungsverschiedenheit, die unüberwindbar erscheint, oder aber auch "nur" ein ständig nagendes Gefühl von Unzufriedenheit.

Lasst euch von niemandem mehr von eurem Weg abbringen. Schon gar nicht von denen, die selbst unglücklich sind und vorgeben, mit all' ihren äußeren Dingen glücklich zu sein. Schaut jedem in die Augen. Hier erkennt ihr schon sehr viel. Unglückliche Menschen strahlen Ruhelosigkeit aus. Diese Ruhelosigkeit tarnen sie oft mit vielen äußerlichen Aktivitäten, die ihnen eine gewisse Wichtigkeit geben sollen. Doch welcherlei Aktivitäten sind es? Schaut genauer hin, mit wem ihr euch einlasst.

Und schaut ihnen direkt in die Augen,
in den Spiegel ihrer Seele.
Alles andere kann ein Mensch beeinflussen:
seine Sprache, seine Gestik, sein Aussehen.

Doch es gibt niemanden, der es vermag,
seinen Blick zu verstellen.

Schaut denen, die euch ihre Ratschläge geben,
mit offenem Blick in die Augen.
Die Wahrheit hält jedem Blick stand.
Ruhig und offen.

Manchmal schlägt sie die Augen nieder, weil sie in euch die Unaufrichtigkeit erkennt. Doch das passiert eher selten und nur dann, wenn sie (die wahre innere Seele) weiß, dass es jetzt ratsam ist, euch in Ruhe zu lassen. Euch gehen zu lassen, auch wenn es einen Umweg bedeutet, der aber dazu da ist, euch wachzurütteln.

Diejenigen jedoch, die selbst innerlich unzufrieden sind und etwas anderes vortäuschen, werdet ihr erkennen. Denn ihr Blick ist unruhig, rastlos. Wandert hierhin und dorthin, vermag aber nicht, einem offenen Blick standzuhalten. Meist fragen sie sogar: "Warum schaust du mich so an? Willst mich wohl beeinflussen?" oder ähnliches. Diese Menschen ertragen es nicht, von anderen ehrlich angeschaut zu werden, weil sie sich vor Ehrlichkeit und Wahrhaftigkeit regelrecht fürchten. Sie fürchten sich vor der Einfachheit der Wahrheit. Sie fürchten sich davor, dass ihre Lebenslügen aufgedeckt beziehungsweise entdeckt werden könnten. Das ist auch deren Privatsphäre.

> Und ein offener, friedvoller Blick dringt tief,
> er entdeckt Lügen und Heuchelei.

Zwar ist es ein großes Geschenk, seine eigenen Lebenslügen aufgedeckt zu erhalten, um sie dann mit eigener Kraft der Veränderung preiszugeben, dennoch fürchten sich die meisten Menschen davor. Sie wissen nicht, wie gut ihnen die Offenbarung der Wahrheit tut. Sie wissen nicht, dass sie sich durch ihre Selbsttäuschung selbst wehtun. Sie wissen nicht, welches befreiende Geschenk es ist, nie mehr heucheln und lügen zu müssen. Sie wissen es nicht, weil sie so lange Zeit auf diese Weise gelebt haben und deshalb sogar glauben, es sei ein guter Weg beziehungsweise es gibt keinen anderen Weg für sie. Doch ihre allergrößte Angst ist die Angst vor Veränderung. Solange sie so weiterleben und niemand anderen negativ beeinflussen, ist das auch in Ordnung. Nur sind es leider allzuoft diese Art Menschen, die andere allzu gerne beeinflussen, oder gar kontrollieren wollen.

Hütet euch vor Menschen,
die eurem Blick nicht standhalten können.

Achtet einfach nur auf ihre Augen.

Die Augen strahlen die innere Wahrheit aus.

Immer.

Niemand vermag zu trainieren,
ehrlich zu schauen:
Alle anderen Gestiken sind machtlos,
wenn ihr auf die *in den Augen verborgene* Botschaft vertraut.

Wenn ein Mensch im Einklang mit sich ist,
so strahlt sein Blick inneren Frieden aus.

Wenn ein Mensch unglücklich und ruhelos ist,
so strahlt sein Blick genau diese Ruhelosigkeit aus.

Achtet also darauf,
von wem und wie
ihr euch beeinflussen lasst.

Meist gibt es noch mehrere andere Anzeichen der ruhelosen Zeitgenossen: Sie halten es nie lange an einem Ort oder an einer Arbeitsstelle oder mit einer spirituellen Praktik aus. Ständig sind sie auf der Suche nach neuen Reizen. Sei es ein anderer Wohnort oder eine andere Arbeitsstelle oder eine andere spirituelle Technik.

Diese Ruhelosigkeit macht sie blind für ihr wahres Inneres. Ständig zweifeln sie sogar an der Existenz Gottes oder an allem Wertvollen, was sie gelernt haben. Sie können nicht anders empfinden, denn ihr wahres Sein ist verdeckt von Lügen, Selbsttäuschung und Heuchelei.

**Gerade ihnen gegenüber seid nicht hart
und gebt ihnen euer Mitgefühl.**

**Doch hütet euch vor ihren Worten,
denn sonst werdet ihr mitleiden.**

**Habt jedoch keine Angst davor,
in die Welt hinaus zu gehen!**

S e i d einfach nur ein bisschen w a c h s a m e r.

Nehmt dort wahr, wo ihr wahrlich wahrnehmen könnt.

Dort, wo es am Einfachsten ist,
Dinge zu durchschauen,
die nicht in Liebe sind,
das heißt,
die euch nicht dienlich sind.

Diese Menschen, die selbst so unglücklich sind, können oftmals anderen nicht zuhören, sondern berichten lautstark von sich selbst und ihren Erfahrungen und Unternehmungen. Schon ein einziges Wort genügt, damit sie das Thema nutzen, um von sich selbst zu erzählen. Zuhören ist eine Tugend, die sie nicht beherrschen, weil ihr Selbstdarstellungstrieb diese Eigenschaft verhindert.

Jetzt also sollte es für euch ganz einfach sein herauszufinden, wer euch gut tut. Meist reden sie nicht viel und hören lieber zu. Oder aber sie geben euch Hinweise, die euch eventuell im ersten Moment missfallen. Ihr müsst schon genau hinschauen ... Bestenfalls direkt in die Augen.

Ich bitte euch, euch zu bemühen,
nicht mehr oberflächlich zu sein.

Geht in eure eigene Tiefe
und begegnet demzufolge auch allen anderen
nicht mehr oberflächlich.

Es ist eine Übung für euer tägliches Leben.
Ständig.
Zusätzlich zu eurer Meditationstechnik.

Freut euch auf die vielen Augenpaare,
in die ihr jetzt tief blicken könnt.

Schon dadurch werden sich viele Weichen stellen
in eurem Leben,
von denen ihr vorher nicht einmal wusstet,
dass es diese Möglichkeiten gibt.

Habt Mut!
Seid wachsam!

In Liebe.

Babaji

Anmerkung von Shantima: Als ich noch ein Schulkind war, gab es den Brauch, sich von Freunden und Schulkameraden in ein Poesie-Album ein paar Worte zur Erinnerung schreiben zu lassen. Eine Eintragung hat mich bereits "damals" tief beeindruckt:

Eh' du einst in deinem Leben
fest auf einen Menschen baust,
geh' mit Vorsicht ihm entgegen,
eh' du dich ihm anvertraust.

Schau ihm tief und fest ins Auge,
ob auch offen ist sein Blick,
denn die Menschen können trügen,
doch das Auge kann es nicht.

Das tägliche Leben

Wie sieht es aus – euer alltägliches Leben? Wie fühlt ihr euch in eurem Alltag? Es ist eine entscheidende Frage! Denn die meiste Zeit eures Lebens besteht aus dem, was ihr als Alltag bezeichnet. Wie fühlt ihr euch, wenn keine besonderen, außergewöhnlichen Ereignisse euch von eurem Alltag trennen? Seid ihr tendenziell eher zufrieden oder unzufrieden mit eurem gegenwärtigen Leben?

Gebt euch jetzt bitte voll und ganz diesem einen Gedanken hin:

Wie empfinde ich im Alltag? Was macht mich glücklich, was ist es, was Unzufriedenheit herbeiführt? Wo sind Dinge oder Umstände, die ich eigentlich nicht länger erleben möchte, die jedoch noch fester Bestandteil meines Alltages sind? Wo hätte ich gerne Veränderungen? Und welche Veränderung ist es, nach der ich mich am meisten sehne? Stellt euch all' diese Fragen, die insgesamt eigentlich nur eine einzige Frage ist. Nämlich:

Bin ich zufrieden
oder
unzufrieden

mit m e i n e m gegenwärtigen Ausdruck
m e i n e s Lebens?

Jeder, der hier Unzufriedenheit erkennt, sollte tiefer gehen; die Ursachen dafür herausfinden wollen. Ein Anhaltspunkt sind immer zuerst die äußerlich sichtbaren Lebensumstände, die als störend oder unbefriedigend empfunden werden. Denn gerade sie sind es, die erscheinen, um uns zu zeigen, wo es Veränderungen bedarf, um zu einem glücklicheren Alltag zu gelangen.

Ich möchte noch einmal betonen, wie wichtig es ist, im alltäglichen Lebensablauf eine Ausgewogenheit und inneren Frieden zu kultivieren, anstatt einen unfriedfertigen Alltag zu leben und sich nur darauf zu freuen, ihm in den Zeiten, die ihr als Urlaub bezeichnet, entfliehen zu können. Auf diese Weise – zeitweise flüchtig zu sein – werdet ihr nicht dauerhaft glücklich sein können. Es schwächt euch sogar sehr, in ungeliebten Situationen zu verharren, von denen ihr glaubt, sie nicht ändern zu können. Haltet euch bitte vor Augen, wie groß euer tatsächlicher äußerer Lebensraum ist, den ihr als Mensch wählen könnt. Wie groß sind die Möglichkeiten auf dieser Erde? Wie vielgestaltig die möglichen Aufenthaltsorte oder Begegnungen? Wie groß sind die Möglichkeiten, die ihr habt, im Vergleich zu den Möglichkeiten, die ihr bisher genutzt habt?

Ich möchte euch jetzt nicht dazu auffordern, euren Alltag und eure geliebten Nahestehenden zu verlassen, um in die weite Welt zu ziehen, sondern euch nur darauf aufmerksam machen, dass ihr nicht dazu verdammt seid, in Situationen, die ihr als unerträglich empfindet, verharren zu müssen.

Die meisten von euch neigen allerdings eher dazu, die äußeren Bedingungen wie Wohnorte, Arbeitsstellen, den Bekannten- und Freundeskreis zu wechseln, anstatt nach den wahren Ursachen für ihre innere Unzufriedenheit zu forschen. Natürlich offenbart sich innere Unzufriedenheit am offensichtlichsten in äußeren Unannehmlichkeiten. Doch in Wahrheit sind diese dazu da, euch ein Geschenk zu bringen. Nämlich das Geschenk, euer Leben genauer zu betrachten: weg von Oberflächlichkeit und äußeren zeitweisen Vergnügungen, die bisher kein anhaltendes Glück zu bringen vermocht haben.

Hin zu mehr Tiefe – hin in eure innere Welt.

Denn ohne inneren Frieden
wird es keinen äußeren Frieden in eurem Leben geben.

**Alle äußeren Bedingungen
– und besonders euer Alltag –
spiegeln euren inneren Zustand.**

Niemals anders herum.

Das bedeutet,
dass ihr euren Alltag also nur wirkungsvoll verändern könnt,
wenn ihr die wahren Ursachen
für eure Unzufriedenheit kennt.

Meist seid ihr nicht im Einklang mit eurem wahren Selbst.
Meist erledigt ihr geschäftig Dinge
oder geht ziellos in der Welt umher,
ohne eure wahren Wünsche eurer Seele zu kennen.

Und wenn ihr sie nicht kennt,
wie wollt ihr sie dann zur Verwirklichung bringen?

Ein in sich ruhender Mensch, der innere Zufriedenheit erlangt hat, ist nicht mehr von den äußeren Lebensumständen in Aufruhr zu bringen. Seine alltäglichen Bemühungen stehen in Resonanz mit den wahren Wünschen seiner Seele. Besonders in diesem Teil der Erde, der als hoch zivilisiert bezeichnet wird, ist es besonders schwierig, seine wahren Wünsche überhaupt zu erahnen, weil von der äußeren, glitzernden Welt so viele Ablenkungen auf euch Menschen einwirken, von denen ihr glaubt, sie seien erstrebenswert.

Doch sie sind allesamt nur so lange erstrebenswert, bis ihr sie errungen habt, dann verlieren sie sofort ihren Anreiz beziehungsweise ihre Anziehungskraft auf euch. Stattdessen sind es sofort neue Wünsche, die aus den Wünschen entstehen, die gerade erfüllt worden sind.

Welche Erfahrungen jeder Einzelne von euch gemacht hat, kann sehr unterschiedlich aussehen. Dennoch ist es ein endloser Zyklus, sich den Verlockungen der äußeren Welt immer erneut hinzugeben. Dies oder das kann das Ziel eurer Wünsche sein. Sei es ein wunderschöner Urlaubsort, sei es der Traumpartner, sei es ein Konzert besonderer Art, sei es ein außergewöhnliches Essen, sei es ein Gegenstand, sei es Bekleidung, sei es, was immer es ist ...

Niemals werdet ihr beim Erreichen des Wunschobjektes anhaltendes Glück empfinden können. Vielleicht seid ihr sogar enttäuscht oder erkennt, dass die Vorfreude intensiver war als das Erhalten des Ergebnisses. Ihr könntet Jahrmillionen so fortfahren...

Oder aber jetzt eine andere Richtung wählen:

eure innere Welt.

Sie zu erforschen, bringt immer spannende Ereignisse
und Ergebnisse,
die euch langsam, aber sicher
zu einem als angenehm empfundenen
und glückbringenden Alltag führen.

Einen Alltag, in dem ihr euch wohl fühlt.
Einen Alltag, vor dem ihr nicht mehr flüchten wollt,
sondern für den ihr dankbar seid.

Und gerade deshalb ist es so wichtig,
seine wahren Wünsche
überhaupt erst einmal kennenzulernen.

Jetzt habt ihr die Möglichkeit dazu euch selbst erarbeitet
in den vorangegangenen Übungen:

Wenn ihr euch inzwischen des Zeichens
eures Höheren Selbstes sicher seid,
so geht bitte in Meditation,
in eure eigene Stille.

Und wenn ihr im Gefühl von Liebe und Dankbarkeit
das Zeichen eures Selbstes empfangt,
dann stellt diese einfache Frage,
die ich euch jetzt vorschlage.

Aber stellt diese Frage völlig ohne Erwartungen.

Noch seid ihr ganz am Anfang
der Kommunikation mit euch selbst.
Und euer Selbst weiß,
wie es am einfachsten mit euch in Kontakt gehen soll.
Auch hier wieder ist alles möglich
(hören, innerlich sehen, fühlen...),
eben genauso,
wie es eurem eigenen inneren Kern entspricht.
Die Frage ist sehr einfach. Sie lautet:

Mein liebes Höheres Selbst,
bitte gib mir jetzt frei
den Blick auf meine wahren Wünsche.

Merkt euch bitte, welcherlei Gedanken in euch aufsteigen oder welcherlei Gefühle oder Bilder ihr bekommt. Es ist hierbei sehr wichtig, ganz feinfühlig zu sein. Denn euer Inneres ist sehr feinfühlig. Es wird euch nicht mit donnernder Stimme überfallen. Auch hier ist wieder ganz wichtig, euch vertrauensvoll auf die neue Situation einzulassen. Auf jeden Fall vergewissert euch immer wieder, ob ihr das Zeichen noch empfangt beziehungsweise während der Kommunikation immer wieder empfangen könnt, damit ihr ganz sicher sein könnt, dass ihr wahrhaftig mit eurem Höheren Selbst in Verbindung seid.

Lasst euch von nichts ablenken und bedenkt, dass ihr jetzt etwas Wunderbares erfahren dürft, nämlich: eure wahren Wünsche, dass heißt, eure wahren Gründe, weshalb ihr hier an diesem Ort euch jetzt befindet.

Und wenn ihr wisst,
was ihr euch wirklich wünscht,
das heißt,
euch dessen bewusst seid,
so kann euer Leben ganz automatisch
j e t z t
in die Richtung eurer wahren Wünsche gelenkt werden.

Vergesst nicht:

Ihr selbst seid die Lenker!

Und ihr lenkt euer Leben bereits die ganze Zeit selbst
in die Richtung,
die euren Wünschen entspricht.

Doch bisher waren es oft Wünsche,
die in der äußeren Welt zu suchen waren.

Jetzt aber sind es die Wünsche,
die von eurem Inneren ausgehen.

Sie lenken euch hin zu einem glücklichen Alltag.

Denn der Alltag ist es,
der die meiste Zeit eures Lebens ausmacht.

Und darum sollte es auch so sein,
dass dieser es ist,
den ihr als "glücklich zu sein" empfindet.

Alle anderen außer-alltäglichen Dinge dürfen ebenso sein.

Aber euer Grundempfinden,
eure Grundtendenz

– die des Alltages –

ist am wichtigsten,
um euch ein zufriedenes Leben
zu bescheren.

Habt Vertrauen in euch selbst.
Vertrauen,
j e t z t
euer wahres Leben zu beginnen.

Seid wachsam

Ich kann es euch nicht oft genug sagen:

Seid wachsam.

Seid stets wachsam in eurem Denken.

Und seid wachsam,
indem ihr jederzeit erkennt,
wie euer Befinden ist,
das heißt,
wie ihr euch fühlt.

Ihr nennt es auch Allgemeinzustand oder Laune.

Denn immer, wenn ihr euch nicht gut fühlt, nicht im Einklang mit euch selbst seid, so könnt ihr euch ganz sicher sein, dass sich jemand oder etwas eurer Gedanken bemächtigen will beziehungsweise es bereits getan hat. Reinigt eure Aura wieder und wieder, bis ihr euch besser fühlt. Bis ihr euch so gut fühlt, dass ihr es "gute Laune" nennen würdet, euer Befinden.

Das ist sehr wichtig,
denn nur so könnt ihr wahrhaftig
in eure eigene Kraft kommen
und auch
darin verankert bleiben.

Ihr selbst seid es, die sehr wachsam sein müsst.

Bedankt euch bei jedem, der euch darauf hinweist, auf euer Befinden zu achten. Und verschiebt nicht, augenblicklich alles dafür zu tun, wieder in eure eigene Schwingung zu kommen.

**Hütet euch davor,
euch für besonders spirituell zu halten,
beziehungsweise hütet euch davor,
unachtsam zu sein.**

Der spirituelle Pfad beansprucht euch ganz
– eure ganze Aufmerksamkeit –
eure ganze Wachsamkeit und Achtsamkeit.

Täglich.
Stündlich.
Minütig.
Jede Sekunde eures Lebens
solltet ihr euch dessen bewusst sein,
dass ihr Kinder Gottes seid.

Wunderbare, vollkommene
Kinder Gottes,
die sich jetzt wieder auf dem Weg zurück zu ihm befinden.

Auf dem Weg,
euer wahres Sein wahrhaftig zu erkennen,
anzunehmen
und alles,
was damit zusammenhängt,
auch anzuwenden.

In Leichtigkeit, in Freude,

in Wahrheit, in Einfachheit, in Liebe.

Seid wachsam!

**Lasst nie mehr nach,
euch selbst zu beobachten.**

Und toleriert nie wieder irgendeine Art von Übelgelauntheit,
denn nun habt ihr erfahren,
dass ihr unter solchen Umständen
(Launenhaftigkeit)
nicht ihr selbst sein könnt.

Seid wachsam!

Lebt ein Leben der Freude und der Liebe!

Dafür seid ihr erschaffen ...

Freude

Das Leben ist Freude. Erobert sie euch zurück!

Ihr seid nicht dazu erschaffen worden, Trübsal zu blasen. Ihr seid dazu erschaffen worden, Freude zu sein. Freude zu sein, bedeutet nichts anderes, als dass ihr in eurer wahren Essenz bereits Freude seid. Leider habt ihr das fast völlig vergessen. Ihr glaubt, Freude nur durch äußere Bedingungen bekommen zu können. Aber das ist ein großer menschlicher Irrtum. Es funktioniert so nicht.

Niemals kann auf diese Weise – von außen nach innen – anhaltende Freude errungen werden. Wie sollte es auch möglich sein? Ihr müsst nicht darum ringen beziehungsweise kämpfen, um wahre Gefühle der Freude zu erlangen! Das ist so überhaupt unmöglich. Seid dankbar, dass es so ist! Somit seid ihr von keinem äußeren Umstand mehr abhängig, wenn ihr erkennt, dass eure wahre, anhaltende Freude eure eigene göttliche Essenz ist. Ihr habt die Wahl. Die vollkommen freie, individuelle Wahl! Wählt!

Wählt, welchen Weg ihr gehen wollt.

Den Weg,
in äußeren Umständen das Glück und die Freude
z u   s u c h e n,

oder aber den Weg,

in eurem eigenen Inneren die Freude und Glückseligkeit
z u   f i n d e n.

Wer sucht, der findet. Doch werdet ihr zum Ozean gehen müssen, wenn ihr viel kostbares Wasser finden wollt. In die Wüste solltet ihr gehen, wenn ihr viel trockenen Sand finden wollt. Deshalb ist es so wichtig, dass euch euer eigenes Lebensziel klar ist! Vielleicht gibt es im Ozean auch eine Insel mit Sand oder in der Wüste an wenigen Stellen kostbares Wasser. Dennoch ist die Wahrscheinlichkeit, im Ozean baden zu wollen, größer, wenn ihr gezielt die Richtung dorthin einschlagt! Ansonsten könnte es sein, ihr verdurstet, noch ehe ihr euer Ziel erreicht habt.

Trinkt die Liebe Gottes.
Sie ist überall.
Sie ist allgegenwärtig.
Verliert niemals euer wahres Ziel aus den Augen.
Und vergesst nicht,
die Richtung einzuschlagen, die die für euch beste ist,
den Weg am sichersten zu finden.

Vielen werdet ihr begegnen, die ein Stück des Weges mit euch gehen. Doch die meisten werden sich wieder von euch trennen, um ihrem eigenen Weg zu folgen. Vielleicht interessieren sie sich noch für Dinge und Orte, die ihr bereits "ausgelebt" habt. Oder aber ihr wollt verweilen und andere wollen weitergehen.

Gesteht einem jeden seinen eigenen Weg zu.

Genauso, wie ihr euch wünscht,
dass man euch euren Weg zugesteht
beziehungsweise nicht dafür verurteilt,
genauso verurteilt andere nicht.

Ihr werdet mit Menschen in Resonanz sein, die euch begleiten und die ihr begleitet. Diese Begegnungen ändern sich dementsprechend, wie wichtig es euch ist, euren wahren Weg zu gehen. Wundert euch nicht darüber, dass Freundschaften verwelken oder zerbrechen. Seid nicht traurig und nicht nachtragend. Es ist einfach nur das Gesetz der Resonanz.

Wenn ihr es jedem recht machen wolltet,
das heißt,
den Weg des anderen mitzugehen,
so müsstet ihr euch in so viele Teile teilen,
in so viele,
wie ihr es Menschen recht machen wollen würdet.

Erkennt ihr es?
Das ist euch nicht möglich.
Verlangt von niemandem Verständnis für euren eigenen Weg.
Vertraut aber auf euer e i g e n e s Gefühl.

Wenn alle Menschen gleich wären – obwohl ihr das in Wahrheit seid und dennoch Individuen – , so müssten alle im Gleichschritt den gleichen Weg gehen. Die Vielfalt würde nicht mehr existieren.

Und gerade hier,
auf diesem Planeten Erde,
geht es um das göttliche Spiel,
in der Vielfalt die Einheit zu erkennen.

Erinnert euch ständig daran, wenn ihr auf eurem Weg seid,
dass alles ein göttliches Spiel ist.

Ein göttliches Spiel, in dem es darum geht, ob ihr euren Weg zu eurer eigenen Göttlichkeit findet. Doch der allererste Schritt dazu ist, ob ihr diesen Weg überhaupt finden wollt beziehungsweise wann ihr beginnen wollt, ihn ernsthaft und wahrhaftig zu gehen. Hier stellt sich dann meist die entscheidende Frage: Was will ich?

Und um diese Frage ehrlich für sich selbst beantworten zu können, müsst ihr euch eurer eigenen gegenwärtigen Lage stellen. Fragt euch selbst, wie ihr euch fühlt in eurer Lebenslage, wie ihr euch fühlt in euren Gewohnheiten, wie ihr euch fühlt ganz im Alltag.

Fragt euch aber auch,
ob ihr immer noch andere dafür verantwortlich macht;
dafür,
wie ihr euch fühlt!

Falls das eure Gewohnheit ist, so beginnt hier.

Denn solange ihr noch
a n d e r e
für eure
e i g e n e n
Lebensumstände verantwortlich macht,
habt ihr das Allerwesentlichste
immer noch nicht verinnerlicht!

Jeder erschafft sein eigenes Leben selbst.

Meine Bitte an euch ist diese:

– Nehmt euch ein paar Minuten Zeit dafür. –

Welchen Menschen gebe ich die Schuld für ...
(einen unangenehmen Lebensumstand)

Dann macht eine Liste,
die aus zwei scheinbar gegensätzlichen Teilen besteht:

Was mag ich an diesem Menschen absolut nicht?

(Eigenschaften
oder auch
Äußerlichkeiten
oder
Gewohnheiten)

Lest bitte erst dann weiter,
wenn ihr diesen Teil aufgeschrieben habt.

Nehmt jetzt eine neue Liste.
Schreibt jetzt auf, was ihr an euch selbst nicht mögt!

Wenn ihr auch damit glaubt, fertig zu sein,

**– aber bitte seid genauso gründlich mit euch selbst
wie bei dem Menschen,
mit dem ihr euch davor beschäftigt habt –**

dann nehmt alle beiden Listen und vergleicht sie.

Jetzt kommt das, was ihr nicht erwartet habt, zum Vorschein:
Die Listen gleichen sich. Jedoch in einer scheinbar konträren
Weise. Vielleicht sind nicht alle Worte, die ihr gewählt habt, die
gleichen.

Vielleicht steht geschrieben: ... findet sich schön.
Und bei euch: ... ich fühle mich hässlich.

Oder: ... er gibt immer den Ton an.
Und bei euch: ... ich schweige lieber.

Vielleicht steht: ... immer will sie Recht haben.
Und bei euch: ... immer fühle ich mich im Unrecht.

Dennoch sind beide Aussagen identisch. Vielleicht ist das beim flüchtigen Lesen nicht offensichtlich, doch wenn ihr tiefer darüber nachdenkt, so werdet ihr bemerken,

dass es das Gleiche ist,
ob sich jemand im Recht oder Unrecht fühlt.
Denn beide möchten recht haben.

Auch ist es egal,
ob sich jemand schön oder hässlich fühlt:
Beide möchten schön sein.

Und es ist ebenso egal,
ob jemand laut schreit oder schweigt:
Beide möchten wahrgenommen werden.

Der Ausdruck ist nicht immer der gleiche,
aber das Ziel.

Und so sorgt auch hier wieder das Gesetz der Resonanz dafür, welche Möglichkeiten des Ausdruckes wir bevorzugen oder ablehnen. In uns genauso wie im anderen.

Und oftmals ist es unser
s c h e i n b a r
erbittertster Feind,
dem wir unser eigenes Wachstum zu verdanken haben.

Denn er lehrt uns, dorthin zu schauen,
wo wir in uns selbst nicht hinschauen wollen.

Oftmals ist es sogar so, dass sich ein Mensch über einen anderen so sehr ärgert, aber dass der, über dessen Anwesenheit sich geärgert wird, nicht auf dieses Spiel eingeht, weil er innerlich keinerlei Ärger dem anderen gegenüber verspürt. Interessant? Nicht wahr? O doch – allzu wahr. Viele, viele Menschen machen sich ihr eigenes Leben schwer, indem sie sich über andere Menschen ärgern oder aufregen oder diese sogar bei noch anderen in Missgunst zu bringen versuchen. Das ist ein jämmerliches Dasein; eine jämmerliche, kummervolle Art zu leben.

**Wenn ihr jemanden hasst,
so vergiftet ihr am allermeisten
euch selbst damit.**

Und deshalb bitte ich euch,
die vorgeschlagene Übung,
wenn sie auch Zeit und vor allem Überwindungskraft kostet,
für euch selbst
durchzuführen.

Oftmals darf
euer Zorn, eure Wut, euer Groll, eure Unruhe
schon deshalb gehen,
weil ihr euch selbst erkannt habt
durch diese einfache Übung.

Nämlich alles,
was ihr in euch ablehnt,
meist sogar aus Faulheit, Trägheit oder Gewohnheit,
das stört euch an denen,
denen ihr begegnet.

Schließt endlich Frieden.

D o c h   z u a l l e r e r s t   m i t   e u c h   s e l b s t !

Denn wenn ihr selbst in Frieden mit euch seid,
mit e u r e m Leben,
dann braucht ihr niemanden mehr zu suchen,
den ihr für eure Lebensumstände verantwortlich macht.
Denn wenn ihr euch ein Leben in Frieden erschafft,
werdet ihr freiwillig euch selbst
dafür verantwortlich machen wollen.

Und es ist so.
So oder so.

Jeder ist selbst für sein Leben verantwortlich.

Verantwortlich bedeutet:

die Antwort zu erhalten
– a u f   s e i n e   e i g e n e n –
Gedanken und Gefühle.

Das Leben ist Freude.
Erobert sie euch zurück.

Trägheit

Niemand hört gerne jemanden sagen, dass er selbst träge sei. Niemand möchte gerne auf diese Weise beurteilt werden. Und dennoch: Die Trägheit ist eines der größten Hindernisse auf dem spirituellen Weg! Denn sie ist es, die euch daran hindert, täglich eure erlernten Techniken auch anzuwenden. Sie ist es, die euch einzureden versucht, dass ihr nichts für euren eigenen Fortschritt unternehmen müsstet. Sie ist es, die euch wieder und wieder davon abhält, eure, euch selbst vorgenommenen Abschnitte zu bearbeiten. Sie ist es auch, die einhergeht mit Disziplinlosigkeit und mangelnder Selbstbeherrschung. Ebenso lenkt sie eure Aufmerksamkeit immer und immer wieder ab von eurem selbstgesteckten Ziel.

Wieso hat die Trägheit soviel Macht über euch?

Weil ihr euch meist nicht einmal dessen bewusst seid,
dass ihr träge seid!

Sie schleicht sich ein.
Ganz langsam. Ganz unbemerkt. Schritt für Schritt.

Und plötzlich ist sie da.
Plötzlich bestimmt sie euer Leben,
ohne dass ihr davon Notiz nehmt.
Ihr habt liebevollere Namen gefunden,
um sie nicht bemerken zu müssen:

Manchmal nennt ihr sie Genuss – oder auch Freiheit.

Ihr seid so erfinderisch, ihr viele Namen und Umschreibungen zu geben. Oftmals beginnen eure Sätze so: "Ich muss erst noch..., bevor ich ... wirklich in die Tat umsetzen kann." oder "Erst muss ich noch diesen ... und jenen ... Kurs besuchen..., damit ich dann soweit bin."

Was bedeutet "soweit sein"?

Bedeutet es, Wissen erlangt zu haben?
Bedeutet es, sich berufen zu fühlen?
Bedeutet es, endlich mit seinem Vorhaben
beginnen zu können?

Meist bedeutet es nichts weiter als:

heraus aus der Theorie und endlich hinein in die Praxis!!
Endlich den ersten Schritt zum Ziel zu wagen.

Der Weg ist das Ziel?
Oder das Ziel ist zu erreichen,
indem ihr euch auf den Weg macht?

Wie wollt ihr an euer Ziel gelangen?
Durch Trägheit sicherlich nicht!

**Und gerade auf dem spirituellen Weg
fühlt sich die Trägheit besonders wohl.**

Deshalb, weil ein jeder selbst dafür verantwortlich ist,
sich der Trägheit zu entledigen.

Niemand kommt, um sie euch zu entfernen oder etwa aufzulösen! Sie ist immer in eurer Nähe. Selbst wenn ihr sie eine Zeitlang überwunden habt, gibt sie nicht auf, sich wieder eures Geistes zu bemächtigen! Und sie tut das gerne, indem sie euren Körper lähmt, das heißt, verführt, sich zu aalen und gar nichts zu tun außer sich mit nutzlosen Dingen zu beschäftigen. Vielleicht bedient sie sich auch eines altbekannten Tricks, nämlich dem der Völlerei. Mit einem zu vollen Magen werdet ihr ganz automatisch träge im Geiste. Ein wunderbarer, immer leicht wiederholbarer Trick. Wer beherrscht schon seine Zunge auf Dauer? Die vielen köstlichen Speisen, die euch verlocken, mehr zu essen, als ihr in Wahrheit bräuchtet?

Die vielen, vielen Überangebote in euren Supermärkten ... Wer kann schon auf Dauer widerstehen? Die Gemüseabteilungen sind klein im Gegensatz zu den Abteilungen, wo ihr ungesunde Nahrungsmittel erwerben könnt. Gemüse ist auch nicht verlockend verpackt, es ist "einfach nur da" – so, wie es gewachsen ist. Man muss es erst noch zubereiten. Doch selbst das ist vielen schon zu viel Mühe. Da gibt es sogenannte Fertiggerichte und Mikrowellen... Oh – wie sie alle der Trägheit dienen! Denn sie verderben eure Gesundheit, somit euren Körper und demzufolge auch die Wachsamkeit eures Geistes!

Selbst bei denen, die sich wieder besinnen und sich nur noch biologisch und vegetarisch ernähren, ist immer wieder zu beobachten, wie auch hier – in Bioläden – die Gemüsetheke kleiner ist als alles Abgepackte, Vorgefertigte. Zwar nicht in dem Ausmaß, aber die Trägheit der Kunden ist überall bekannt. Es wird sogar mit einem schönen Wort bezeichnend erwähnt: "Verbraucher-freundlich!"

Was bedeutet es? Was kauft ihr ein? Wie ernährt ihr euch? Womit ernährt ihr euch? Mit vorgefertigter Nahrung, die gar keine wahren Nährstoffe mehr enthält?

Und womit ernährt ihr euren Geist?
Mit vorgefertigter Nahrung aus den Massenmedien?
Schön verpackt und schwer verdaulich?
Ohne oder mit Nebenwirkungen?

Bitte beobachtet euch dabei, was ihr zu euch nehmt an Nahrung. Die Nahrung für euren Körper ebenso wie die Nahrung für euren Geist. Oft könnt ihr sogar wahrnehmen, wie eure Ernährung eures Körpers eure geistige Haltung beeinflusst. Und auch, wie eure Nahrungsauswahl Auswirkungen auf eure Trägheit hat. Wenn ihr die Trägheit überwinden wollt, so müsst ihr sehr wachsam sein, denn sie kennt viele, viele Möglichkeiten, euch auszutricksen. Ihr könnt nur dann über sie siegen, wenn ihr wahrhaftig siegen wollt! Nämlich unbeeinflusst euren eigenen Weg zu gehen. Täglich und kontinuierlich.

Seid wachsam! Lasst euch ein auf dieses Spiel, alle Tricks der Trägheit zu durchschauen. Sie sind so mannigfaltig, dass es euch sogar Spaß machen kann, sie alle aufzudecken. Es ist wie das Versteckspiel in eurer Kindheit. Ohne wachsam zu sein und den Versteckten finden zu wollen, könnt ihr dieses Spiel nicht gewinnen. Dazu müsst ihr euch in Bewegung setzen. Mit Wachsamkeit und all' euren Sinnen könnt ihr alles erreichen, das heißt, alles überwinden, was euch noch euren Weg versperrt. Die Trägheit, euer unsichtbarer Feind ... Lasst sie sichtbar werden. Erkennt als erstes eure eigenen Lebenssituationen, wo sie euch beherrscht. Erkennt die Schlüsselsituationen! Erkennt an

euch selbst, was die Trägheit an euch durchschaut hat: nämlich
eure Angriffspunkte, das heißt, die Punkte, an denen ihr am
leichtesten aus der Bahn zu werfen seid, um in alte Gewohnheiten zu verfallen, die euch nicht mehr dienlich sind. Und:

Liebet eure Feinde! Sucht alle Tücken in Liebe.
Nur so könnt ihr sie wirklich entdecken;
sie in Liebe annehmen und somit auch in Liebe loslassen,
von euch gehen lassen oder überwinden.
(Ganz gleich, welche Wortwahl euch beliebt.)

**Wichtig ist,
dass ihr euch selbst wieder ganz genau kennenlernt,
ohne euch selbst zu täuschen!**

Habt Mut!
Führt euren eigenen inneren Kampf in Liebe.
Dann kann die Liebe in euch wachsen.
Doch dafür müsst ihr das,
was die Liebe in euch behindert, erst herausreißen.

Eines davon ist die Trägheit.
Automatisch werden viele ihrer Freunde
euch ebenfalls verlassen.

Und dann könnt ihr beginnen.
Denn dann habt ihr das Gefühl von:

Ich bin soweit,
… um meinen eigenen Weg
in Liebe und Dankbarkeit zu gehen.

Tagtägliche Bemühungen und Anstrengungen

Babaji: Wo ist der Unterschied zwischen Anstrengung und Bemühung? Eine Bemühung birgt das Wort "Mühe" in sich. Das Wort Anstrengung das Wort "streng".

Shantima: Eine Bemühung ist wohl noch keine Anstrengung. Eine Bemühung ist vielleicht leichtfertiger, als sich für etwas wirklich anzustrengen. Ist es möglich, dass es von uns selbst abhängig ist? Wollen wir etwas von ganzem Herzen, so strengen wir uns dafür an (obwohl das der Anstrengung bereits Milde verleiht). Wenn wir etwas jedoch noch nicht so sehr wollen (vielleicht nur ein bisschen), so bemühen wir uns nur.

Babaji: Es kommt immer auf eure innere Einstellung an, wie alles sich im Außen manifestiert beziehungsweise zeigt. Jede noch so kleine und scheinbar unbedeutende Situation in deinem Leben hat ihre Ursache in deinem Inneren, das heißt, in der Art und Weise, wie du denkst, wie du glaubst, wie du in der Lage bist, alles um dich herum zu verstehen oder misszuverstehen. Danach richtet sich dann das äußerlich sichtbare Ergebnis. Möchtest du jetzt reden?

Shantima: Am liebsten nicht. Ich kann mir schon denken, worum es sich handelt...

Babaji: Traust du dich? Ganz die Wahrheit zu sagen, ja sogar zu gestehen, all' denen gegenüber, die diese Zeilen irgendwann lesen werden?

Shantima: Es kostet mich Überwindung ...

Babaji: Schreibe. Schreibe so, als würdest du nur für dich schreiben.

Shantima: Wenn ich mich angestrengt hätte, dann wäre dieses Buch bereits gedruckt. Wenn ich mich "nur" bemüht hätte, so wäre das Manuskript längst fertig. Ich aber habe ...

Babaji: ... Kannst du sagen, weshalb du nicht zügig gearbeitet hast?

Shantima: Ich denke, es ist so, wie es Wolf-Dieter Storl auf seiner DVD sagt. Er sagt ganz nebenbei: "Schreiben ist Fleißarbeit." Dieser Satz hallte in meinen Ohren. Denn somit weiß ich, dass es an meiner Faulheit liegt beziehungsweise der Tendenz aufzuschieben, obwohl es mir Freude bereitet.

Babaji: Klingt das logisch für dich? Etwas aufzuschieben, obwohl du genau weißt beziehungsweise fühlst, dass es zu deiner Lebensaufgabe gehört zu schreiben? Etwas aufzuschieben auf "später", obwohl es dir Freude bereitet?

Shantima: Es ist vollkommen unlogisch. Aber genau jetzt, in diesem Moment, erkenne ich mein altes Muster. Ich befürchte, wenn dieses Buch fertig sein wird, so werde ich keine Möglichkeit finden, es drucken zu lassen beziehungsweise weiß ich nicht, ob überhaupt jemanden der Inhalt interessiert.

Babaji: Es ist Angst. Angst zu versagen. Angst, das Falsche zu tun. Lieber tust du es nicht.

Shantima: Immer noch Angst? Wie viele Ängste stecken denn in uns?

Babaji: Viele. Aber immer weniger. Vielleicht auch noch ein paar große Ängste, aber es werden weniger, falls ihr euch wirklich anstrengt, eurem Weg zu folgen.

Shantima: Weißt du, dass ich es jetzt selbst als verrückt empfinde? Ich habe so viele Menschen getroffen, die mir sagten, dass ihnen "Babajis Anleitung zum Glücklichsein" auf ihrem Weg geholfen hat oder zum Nachdenken angeregt hat ...

Babaji: Aber ...

Shantima: ... Aber dennoch habe ich Angst, dass meine Bücher jemandem missfallen könnten.

Babaji: Oh! Das tun sie gewiss. Aber ist das wichtig? Ist das ausschlaggebend? Ausschlaggebend dafür, etwas zu unterlassen, was vielen Nutzen bringen kann?

Shantima: Ich weiß es nicht. Ich weiß nicht einmal, ob und wie sich das Buch verbreitet hat. Nur die Anfänge sind mir bekannt.

Babaji: Lass' es meine "Sorge" sein, wie und wo sich das Buch verbreitet. Denn für mich ist es keine Sorge, sondern Freude.

Shantima: Mich hemmt also schon wieder die gleiche Angst?

Babaji: Immer noch. Nicht schon wieder. Immer noch, jedoch in abgeschwächter Form.

Shantima: Gurudev, ich möchte diese Angst nicht mehr haben. Ich wusste nicht einmal (bis jetzt), dass sie die Ursache ist.

Babaji: Du weißt, wie es funktioniert.

Shantima: In Liebe. In Liebe annehmen. Vor aller Welt zugeben, dass es ist, wie es ist. Dass ich faul statt fleißig war. Dass ich mich weder angestrengt noch bemüht habe, sondern alles eher dem Zufall überließ. Dass ich noch immer nicht fest genug vertraue. Dass ich immer noch an mir selbst zweifle...

Babaji: Erkennst du, dass in "letzter Zeit" einige Menschen gekommen sind, um dich wachsen zu lassen?

Shantima: Du meinst die, von denen ich mich scheinbar angegriffen fühlte?

Babaji: Fühlte?

Shantima: Fühle.

Babaji: Genau diese. Schreibe ...

Shantima: Jetzt weiß ich nicht, was ich schreiben soll. Die Situationen? Die Namen, die immer wiederkehrenden Vorwürfe?

Babaji: Die Namen.

Shantima: Was??? Was ist mit...

Babaji: Hier gibt es nicht etwas, was ihr Schweigepflicht nennt oder Wahrung von irgendetwas Privatem. Alles ist eins.

Shantima: Die Anfangsbuchstaben. Okay?

Babaji: Sie werden genügen. Diese Menschen werden dieses Buch lesen und sich selbst hier, an dieser Stelle, erkennen. Sie werden jetzt erkennen, dass sie dich wachsen ließen. Denn du hast nicht das Vertrauen in Gott und mich verloren. Was du verloren hast, ist deine alte Angewohnheit, es allen recht machen zu wollen. Denn das kannst du nicht. Das sollst du auch nicht. Du hast versucht, sie alle in Liebe loszulassen, damit sie ihrem eigenen Weg folgen können. Und somit kannst auch du deinem Weg folgen. Also – schreibe die Initialen.

Shantima: C.R. J.G. C.M. C.W. B.L. R.J. T.G. Ich möchte diese Namen nicht schreiben.

Babaji: Warum nicht?

Shantima: Weil ich Dankbarkeit empfinde und es ...

Babaji: Und es was? Wieso solltest du nicht diese Namen aufschreiben? Aus Dankbarkeit.

Shantima: Aus Dankbarkeit ist okay, aber ob sie mir das glauben können?

Babaji: Das ist nicht wichtig. Es ist nur wichtig, dass du so empfindest.

Shantima: Und dennoch fühle ich, dass sie mir nicht glauben können.

Babaji: Und dennoch ist das nicht wichtig, denn in ihren Herzen können sie fühlen, dass es so ist.

Shantima: Danke. Danke euch allen.

Babaji: War es schwierig?

Shantima: Ja und nein. Währenddessen ja, doch dann kam die Erleichterung.

Babaji: Gibt es denn auch Menschen, die kamen und dich wachsen ließen, indem sie dir dankten für dein Buch?

Shantima: Ja.

Babaji: Schreibe ...

Shantima: Ich weiß nicht, wo ich beginnen soll.

Babaji: Beginne einfach "irgendwo".

Shantima: Es funktioniert nicht, denn es sind mehr, als ich dachte.

Babaji: Dann erfreue dich daran, dass du solche Resonanz erhalten hast – nimm diese Menschen in dein Herz und danke auch ihnen. Danke ihnen dafür, dass sie dich ermutigt haben, deinen Weg weiter zu gehen.

Shantima: Es ist eigenartig und verrückt: Jetzt plötzlich bemerke ich, dass mir die einen genauso lieb sind wie die anderen. Denn alle haben sie mir geholfen; auf "unnette" oder nette Weise.

Babaji: Die "Unnetten" haben dich besonders gefordert, ohne zu wissen, weshalb. Ich sage euch jetzt, weshalb!

Immer und immer wieder wird euch Gelegenheit gegeben,
euren eigenen Weg zu überdenken.
Immer wieder bekommt ihr Resonanz.

Aber auch immer und immer wieder
werdet ihr von anderen angezweifelt.

Immer und immer wieder
verlangt das tägliche Leben von euch,
euch zu entscheiden.

Entscheidungen zu treffen,
um eurem eigenen Weg zu folgen.
Immer und immer wieder.

Und ohne tagtägliche Anstrengungen oder Bemühungen,
eurem Weg zu folgen, ist es leicht möglich,
euch wieder von eurem inneren Weg abzubringen.

Es ist kein Test oder eine Prüfung.
Es ist eine Erfordernis,
damit ihr nicht in Trägheit verfallt.

Dankt all denen, die euch wachsen lassen!
Dankt beiden gleich!
Den "Netten" genauso wie den "Unnetten".

Das Leben ist ein spannendes Spiel.

Die Mitspieler können sich entschließen,
euch zu verlassen – oder ihr verlasst sie.

**Alles ist in Ordnung,
solange ihr alles ganz aus eurem Herzen heraus fühlt
und danach handelt.**

Und oftmals ist das "Unnetteste" das Wichtigste.
Nämlich entstehen dadurch Veränderungen,
die ihr vorher nicht zugelassen hättet.

Seid wachsam!

**Erkennt
in jedem s c h e i n b a r e n Feind
einen Freund,
den euch Gott gesandt hat,
damit ihr wachsen könnt.**

Und erkennt,
dass es gerade eure
tagtäglichen Bemühungen oder Anstrengungen sind,
die euer Leben lebenswert machen.

Verliert nicht euer Ziel aus den Augen!

Kontrollzwang

Wer kontrolliert wen? Jeder sich selbst? Oder doch bevorzugt jeder einen anderen oder mehrere andere? Niemand möchte von jemand anderem kontrolliert werden. Aber es ist offensichtlich, dass überall kontrolliert wird. Sei es die Überprüfung von erteilten Erlaubnissen, von Versäumnissen, Handicaps, von übermäßigem Benutzen von irgendetwas Unerlaubtem ...

Wozu dienen Kontrollen? Wozu sind sie überhaupt da? Wofür? Alles, was aus Angst heraus geschieht beziehungsweise verhindert werden soll, dass es geschieht, bedarf Kontrollen. Meist ist das System der Kontrollen so verfeinert aufgebaut, dass schon niemand mehr den Ursprung des Grundes für diese Kontrolliererei benennen kann. Oftmals haben sich alle Beteiligten bereits so sehr daran gewöhnt, dass es so aussieht, als sei das alles ganz normal. Kontrollierende Posten gibt es sehr viele. Besonders häufig bei öffentlichen Organen, wie der Armee oder der Polizei oder der Justiz. Meist sind Abläufe streng geheim und kodiert. Alles wegen des Kontrollierens. Des Kontrollierens wovon?

In einer Gemeinschaft von Menschen,
die sich ihrer selbst voll bewusst sind,
gibt es keine Kontrollen.

Das haben Ethnobotaniker oftmals herausgefunden
und sich darüber gewundert, wie es sein kann,
dass Menschen ohne Armee, Polizei und Justiz
gemeinsam ihr Leben meistern.

Was geht in jemandem vor, der anordnet zu kontrollieren?

Es führt immer wieder auf denselben Grund zurück. Es ist Angst. Die Angst vor Überfällen, vorm Bestohlen-Werden, vorm Übervorteilt- oder Benachteiligt-Werden. Angst, nicht genug zu bekommen und somit anderen etwas wegnehmen zu müssen. Angst, dass Anordnungen (die sinnwidrig sind) nicht ordnungsgemäß ausgeführt werden. Angst. Angst. Angst.

Ohne Angst sind Kontrollen vollkommen überflüssig.

Denn so kann jeder vertrauen in sich selbst
– seine eigenen göttlichen Eigenschaften –
und somit auch zu allen anderen Vertrauen haben.

Jemand, dem man mit Vertrauen und Liebe begegnet,
ist meist sofort entwaffnet.

**Das Aggressionspotenzial sinkt,
je mehr Menschen sich dazu entschließen,
anderen in Liebe und Vertrauen zu begegnen.**

**Das sogenannte Gute in ihnen zu erfühlen
und somit zu stärken, ist viel wirksamer
als alle Kontrollmaßnahmen auf dieser Erde.**

Und ebenso hat der Kontrollzwang auch innerhalb der Familie Einzug gehalten. Das Kind wird von den Eltern kontrolliert, auch von Erziehern oder Lehrern, ob es auch genau das tut, was man ihm sagt. Die Mütter werden wiederum von den Vätern oder die Väter von den Müttern oder gegenseitig kontrolliert: ob sie auch halten, was sie versprochen haben, oder ihre familiären Aufgaben termingerecht erledigen.

Die Arbeiter werden von Vorarbeitern, die Vorarbeiter von Abteilungsleitern, die Abteilungsleiter von Betriebsleitern, die Betriebsleiter von Betriebsbesitzern, die Betriebsbesitzer von Bankangestellten, die Bankangestellten von den Filialleitern, die Filialleiter von ihren Chefs und so weiter und so weiter kontrolliert. Überall dazwischen befinden sich noch Ämter, wie das Finanzamt oder Abgabestellen, die ebenfalls kontrollieren. Wozu? Was ist das für ein verrücktes System? Es wird mehr Zeit für Kontrollen aufgewendet als dafür, kreativ zu arbeiten. Aber warum? Ist Kreativität und somit Eigenverantwortlichkeit überhaupt gefragt? Wenn es so wäre, so wären wieder viele Kontrollen überflüssig!

Wozu sind Kontrollen also da? Um Angst zu verschleiern. Um Macht vorzutäuschen. Um einzuschüchtern. Aber vor allem, um jedem, der kontrolliert wird, ebenso wie jedem, der kontrolliert, die Kraft zu rauben. Denn alles, was nach außen fokussiert wird, wird automatisch der inneren Kraft entzogen. Die Menschen werden schlaff, verlieren Lebensfreude und Lebensmut. Verlieren sogar ihre eigenen wunderbaren Träume der Jugend oder der Kindheit aus den Augen und funktionieren nur noch.

Kontrolle raubt die Lebenskraft – den Lebenswillen.
Kontrolle macht müde und antriebslos.

Das ist ein wichtiger Punkt. Das Verrückte dabei ist, dass sich innerlich die, die kontrollieren, schlechter fühlen als die, die kontrolliert werden. Schon dieses Phänomen deutet darauf hin, dass hier etwas nicht stimmen kann. Dass es etwas gibt, was total aus dem Gleichgewicht geraten ist; nämlich:

Das Vertrauen in den Fluss des Lebens.

Das Vertrauen, geliebt zu werden – ohne Bedingungen.
Das Gefühl, richtig an dem Platz zu sein, wo man ist.
Das Urgefühl von Daseinsberechtigung – bedingungslos.
Das Vertrauen, den richtigen Weg zu finden.
Das Verlangen,
etwas Wunderbares zu erschaffen, das allen dient.

Das Urverlangen nach Selbstverwirklichung.

Wo sind sie geblieben,
diese wahren menschlichen Eigenschaften?

All' diejenigen, die diese wunderbaren inneren Eigenschaften so sehr verdeckt haben, dass sie sogar deren Existenz vergessen haben, all' diejenigen sind es, die sich auf Kontrolle versteifen. Auf den Zwang, andere zu kontrollieren, um überhaupt selbst existieren zu können.

Es beginnt ganz klein, ganz unscheinbar. Es wird regelrecht anerzogen, es scheint sogar in allen "zivilisierten" Ländern dazuzugehören. So ist es auch, denn sonst würden diese Staatssysteme, wie sie zur Zeit auf der Erde vorherrschen, zusammenbrechen. Denn alles, was nicht aus Liebe erschaffen ist, bricht derzeit unweigerlich zusammen. Deshalb werden Kontrollen verschärft. Deshalb ist es überhaupt erst notwendig, zu kontrollieren.

**Es liegt nicht in der Natur des Menschen,
sich andere Menschen untertan zu machen!**

Geschieht es dennoch, ist die unnatürliche Folge der Kontrollzwang, damit dieses unwirkliche Untertanen-Reich bestehen bleiben kann.

Und ebenso ergeht es jedem von euch. Ihr seid so sehr daran gewöhnt, kontrolliert zu werden, dass ihr ebenso kontrolliert. Zum Beispiel die Frau den Mann: "Wo bist du gewesen...?" Der Mann die Frau: "Wieso hast du soviel Geld verbraucht...?" Die Eltern das Kind: "Warum lernst du nicht besser für die "Schule...? Die Großeltern die Eltern: "Weshalb habt ihr Flausen im Kopf...?"

Jeder hat sein Weltbild
und versucht, es permanent auf alle anderen zu übertragen.

Wo diese Übertragung nicht reibungslos funktioniert,
setzt Kontrolle ein.

Wenn der Vater sich von seinem Sohn wünscht, dass er etwas "Ordentliches" studieren soll, der Sohn sich aber lieber dem Musizieren widmet, weil ihm das mehr liegt... Oder ein anderer Vater, der Musiker oder Maler ist, an seinem Sohn bemerkt, dass dieser überhaupt kein Interesse an Kunst hat... Oder eine Mutter, die einen Beruf ausübt, den sie noch nie mit Liebe ausgeübt hat und deren Tochter sich genau zu diesem Beruf berufen fühlt... Oder eine Freundin, deren Freundin plötzlich ihren Modegeschmack ändert... Oder eine Oma, die zugeben muss, dass ihr Enkelkind ganz anders aufwächst, als sie es für richtig hält... Oder ein Arbeitgeber, der bemerkt, dass sein Angestellter viel qualifizierter ist als er selbst ... Diese Beispiele sind unendlich aufführbar.

Doch hier entsteht immer und immer wieder
das gleiche Gefühl, nämlich:
ein Gefühl von Angst.

Und es ist nicht die Angst um die andere Person,
sondern die Angst,
dass das eigene Weltbild an-gerüttelt wird
oder so lange Zeit vielleicht sogar ein Irrtum gewesen ist.

**Es ist immer die Angst um die eigene Persönlichkeit,
die zu Kontrollzwang führt.
Immer.
Es ist niemals die Angst um andere!**

Vielleicht möchten der Vater, die Mutter, das Kind, die Großeltern, die Arbeitgeber, die Arbeiter und welche Rollen sie gerade spielen, nicht "aus der Rolle" fallen? Deshalb kontrollieren sie... andere. Ich aber sage euch jetzt etwas ganz Einfaches.

**Hört damit auf, andere zu kontrollieren,
sondern kontrolliert euch selbst.**

Kehrt vor eurer eigenen Tür.

**Wenn jeder sich selbst kontrolliert,
so braucht nie wieder jemand
andere zu kontrollieren.**

**Alles könnte in Liebe fließen,
in Liebe wachsen und gedeihen.**

Die Voraussetzung hierfür ist großer Mut!

Mut, in den Fluss des Lebens zu vertrauen
und in die wahre menschliche Eigenschaft,
die jedem innewohnt:

die Kraft der Liebe.

Habt ihr überhaupt bemerkt, wen ihr kontrolliert? Nein? Dann achtet ab jetzt darauf – mit Akribie. Ihr werdet genügend Beispiele finden. Und wenn ihr eines gefunden habt, dann geht bitte der Ursache für die Kontrolle auf den Grund.

Erwartet ihr etwa von anderen etwas, was ihr selbst nicht vorlebt? Erwartet ihr etwas, was andere nicht bereit sind zu geben? Warum steht ihr unter diesem oder jenem Kontrollzwang? Seid ihr vielleicht selbst nicht diszipliniert genug? Habt ihr selbst Angst, verlassen zu werden oder nicht zu genügen?

**Es sind ausnahmslos eure eigenen Ängste,
die euch dazu zwingen, andere zu kontrollieren.**

Löst diese Ängste auf!

Entdeckt sie!

Denn Kontrollzwang ist eine Angewohnheit,
die den Kontrollierenden energetisch sehr schwächt
(weil er einen Großteil seiner Aufmerksamkeit
nicht bei sich selbst gegenwärtig halten kann)

und den, der kontrolliert wird, vom Kontrollierenden entfernt
(ebenso energetisch, weil Kontrollenergie eine sehr niedrige
Angstschwingung ist, der man instinktiv ausweicht).

Beachtet also eure eigenen Umgangsweisen;
bevorzugt in euren eigenen Familien und Freundeskreisen.

Durchbrecht diese nutzlose und energieraubende Tätigkeit,
denn sie hält euch davon ab,
euch selbst lieben zu lernen und somit andere zu lieben.

Akzeptiert euch so, wie ihr seid.
Euch selbst und ebenso gegenseitig.
Das gibt euch Stärke und Kraft.

Spornt einander an,
aber kontrolliert nicht das Ergebnis.

Habt mehr Vertrauen in euer menschliches Dasein.
Kultiviert ein liebevolles, vertrauensvolles Miteinander!
Lernt euch selbst besser kennen, und ihr werdet beginnen,
alles andere automatisch zu verstehen.
Wirklich zu verstehen.
Nicht durch Theorie, sondern durch eigene Erfahrungen.

Und seid ganz ehrlich zu euch selbst.
Ehrlichkeit zu euch selbst
ist ein großer Katalysator auf eurem Weg!

In Wahrheit, Einfachheit und Liebe
liegt euer wahres Glück.

Möglichkeiten

Euch stehen so viele Wahlmöglichkeiten offen.
Ständig.
Doch meist seht ihr nicht, dass ihr ständig neu wählen könnt.

Manchmal ist es so, dass Menschen so sehr an ihrem Geburtsort "hängen", dass sie glauben, ihr ganzes Leben dort verbringen zu müssen. Das ist vollkommen in Ordnung, wenn sich ein Mensch dabei auch vollkommen wohl fühlt. Bei vielen anderen ist es so, dass sie sich damit abgefunden haben, an einem Ort zu verweilen, den sie nicht mögen. Sie haben es sich zur Angewohnheit gemacht, viel zu reisen beziehungsweise so oft wie möglich von ihrem Wohnort, den sie nicht "zu Hause" nennen, abwesend zu sein. Wieder andere "wandern" aus. An weit entfernte Orte oder in andere Kulturen. Aber die Wenigsten von diesen fühlen sich dort wirklich wohl. Immer wieder plagt sie "Heimweh", mal ausgeprägt, doch meist subtil. Sie fühlen sich zerrissen. Nicht mehr ansässig.

Es gibt in Indien viele Wandermönche. Sie haben ihr Leben Gott geweiht. Für sie spielt es keine Rolle, an welchem Ort sie sich befinden. Sie sind auf der Suche nach Gott, der überall gegenwärtig ist.

Was also ist so schwierig daran,
hier auf der Erde den Platz zu finden,
an dem man sich wohl fühlt?

Den Ort, wo man sein kann,
anstatt nur zu existieren beziehungsweise zu funktionieren?

Dieser Ort ist überall und gleichzeitig existiert er nicht.

Jemand,
der auf der Erde herum-wandert und "seinen Ort" sucht,
wird ihn nicht finden.
Weil immer die innere Verfassung in Resonanz steht
mit den äußeren Umständen und niemals umgekehrt,
ist es erst möglich,
in Frieden an einem Ort
(oder mehreren Orten)
auf dieser Erde zu sein,
wenn der innere Frieden beginnt,
sich auszubreiten.

Es stehen alle Möglichkeiten offen.
Ihr könnt gehen, wohin ihr wollt!

Doch die meisten
vergessen immer und immer wieder die Wichtigkeit,
sogar die äußerste Priorität:

**Alles im Außen ist eine sichtbare Manifestation
des inneren Zustandes eines Menschen.**

**Äußere Unruhe beziehungsweise Ruhelosigkeit
sind nur Spiegelungen innerer Unausgeglichenheit.**

Sicherlich kann eine Urlaubsreise viele neue Eindrücke vermitteln; sogar den Anschein eines schönen Lebens. Aber was wäre, wenn ihr genau dort leben würdet? Das jetzt so exotische Neue würde schnell seinen Reiz verlieren, wenn es zu eurem Alltag würde. Wieso also kümmert ihr euch nicht mehr darum, euren Alltag liebevoll zu gestalten, damit ihr wahrhaftig glücklich sein könnt? Weil ihr meist glaubt, ihr seid am falschen Ort, und ein anderer Ort verhilft euch zu einem sinnvollen Leben. Oder aber ihr sucht in einem anderen Menschen euer Liebesglück. Demzufolge macht ihr euch abhängig von äußeren Umständen, in der Hoffnung, auf diese Weise inneres, dauerhaftes Glück zu finden. Wird es euch auf diese Weise gelingen?

Ihr neigt dazu, dass euch alles schnell langweilig wird.
Wenn der Anreiz des Neuen zum Alltäglichen wird,
so verliert ihr sehr schnell das Interesse daran.
Die alte innere Unruhe kehrt zurück,
von der ihr glaubtet, sie existiert nicht mehr.

Jedoch war sie nur eine Zeitlang überdeckt von äußeren Aktivitäten. Sobald diese äußeren Aktivitäten Routine werden, werdet ihr wieder aufmerksam auf euren wahren inneren Zustand.

**Und genau um diesen inneren Zustand
solltet ihr euch kümmern.
Ansonsten werdet ihr euer menschliches Leben
vergeudet haben.**

Es klingt vielleicht etwas hart, aber es ist eine Tatsache.

Es ist ein großes Geschenk, als Mensch geboren zu sein.
Mit vollkommen freiem Willen.
Doch wozu benutzt ihr ihn, den freien Willen?
Benutzt ihr euer wahres Potenzial,
um euch weiterzuentwickeln?

Ihr glaubt (im Massenbewusstsein), dass eine Schulbildung und anschließende Ausbildung das beinhalten, was "Weiterentwicklung" bedeutet. Aber all' diese äußeren Bildungen, so wichtig sie auch für euer Überleben auf Erden sind, sind längst nicht alles!! Hütet euch davor, in einen Trott zu verfallen, der euch den Alltag als Schwere erleben lässt!

Hütet euch davor, zu glauben, an einem anderen Ort würdet ihr euch dauerhaft besser fühlen. Hütet euch ebenso davor, euer Glück von anderen Menschen abhängig machen zu wollen. Hütet euch vor all' diesen Umwegen.

Habt ihr es geschafft, bis hierher die kleine, wenig Zeit in Anspruch nehmende Meditationsübung, die zu Anfang dieses Buches empfohlen wurde, täglich durchzuführen? Oder habt ihr abgebrochen, nachdem ihr festgestellt habt, dass in den darauf folgenden Kapiteln nicht noch einmal darauf hingewiesen wurde? Es kann ebenso eine andere erlernte Meditationstechnik sein.

Übt ihr sie regelmäßig?
Oder habt ihr nach kurzer Anfangseuphorie
das Interesse daran wieder verloren?

Auch hier gibt es unzählige Techniken.
Doch wenn ihr bei keiner bleiben könnt,
so wird euch das Gefühl von innerer Unruhe,
was zu äußerer Ruhelosigkeit führt,
sehr, sehr vertraut sein.

Nutzt eure vielen, vielen Wahlmöglichkeiten!

Doch vergeudet nicht eure wertvolle Zeit,
die ihr hier als Mensch verkörpert seid.

Sucht euch ein "Reisebüro",
wo ihr den Weg nach Innen buchen könnt!
Das Ticket ist eine Meditationstechnik.

Dieses Ticket bringt euch zum Ziel.
Es ist eine Reise, die euer ganzes Leben andauert.

Und je intensiver ihr reisen wollt,
je glücklicher und zufriedener ihr werden wollt,
desto mehr solltet ihr euch auf dieses "Ticket" besinnen.
Immer und immer öfter.
Immer und immer tiefer.

Taucht ein
in die unzähligen Möglichkeiten eurer inneren Welt.
Die äußere Welt kann euch diese Luxusreise nicht bieten.

Wo immer ihr seid,
wo immer ihr euch befindet ...
ihr habt unzählige Wahlmöglichkeiten.

Wendet euch von der äußeren Möglichkeit
hin zu euren inneren Möglichkeiten.

Dann wird euch euer Leben wieder Freude bereiten.
Ihr werdet den Sinn verstehen lernen;
durch eigene innere Erfahrungen.
Und dadurch werdet ihr hingeführt zu dauerhaftem Glück.

Völlig unabhängig von einem äußeren Ort oder einem anderen Menschen. Löst euch aus eurer Abhängigkeit, hört auf die Stimme eures Herzens. Versucht es noch einmal mit der (anfangs im Buch) einfachen Konzentration auf euer eigenes Herz. Wer bis hierher in diesem Buch gelesen hat, darf sich jetzt freuen. Freuen auf die Fortsetzung seiner inneren Reise.

Noch einmal möchte ich erwähnen,
dass es viele, viele Wege gibt.
Noch einmal möchte ich erwähnen,
dass ihr selbst die Wahl habt.
Noch einmal möchte ich euch bitten,
nur weiterzulesen,
wenn ihr wahrhaftig fühlt,
dass es genau dieses Buch ist, welches euch helfen kann,
auf eurer inneren Reise Fortschritte zu machen.

Das fühlt ihr ganz leicht durch Resonanz.
Ansonsten ist euer Weg vielleicht ein anderer Weg.

Ihr erkennt es ganz leicht. Nehmt das Ticket, zu welchem ihr euch am meisten hingezogen fühlt! Es ist wie eine Urlaubsreise. Wenn ihr ans Meer wollt, solltet ihr keine Bergtour buchen und umgekehrt (meist wollt ihr beides zugleich).

Begebt euch auf eure innere Reise.
Trefft eure eigene Wahl.

Ich bin mit euch.
In Liebe.

Wert und Wertlosigkeit

Was ist wertvoll und was ist wertlos? Beim ersten Anblick dieser Frage scheint sie eindeutig beantwortet zu sein ... Ist sie aber nicht! Für einen hungernden Menschen ist eine Hand voll Reis etwas unglaublich Kostbares. Für einen Millionär – in seinem Denken – ist sie wertlos, die Hand voll Reis. Für ihn bedeuten Gold und Aktien und Immobilien etwas, was er als Wert bezeichnet.

Was also ist Wert? Oder wertlos? Für einen hungernden Menschen sind Aktien und Immobilien und Gold nutzlos. Ihm genügt die Hand voll Reis, damit er sich zufrieden und satt fühlt. Im Gegensatz dazu wird sich ein Mensch, der viel Geld besitzt, nicht dafür begeistern lassen, dass Reis wertvoller sein soll als Gold. Aber dennoch, in vergangenen geschichtlichen Aufzeichnungen ist es deutlich: Geld ist nur solange gefragt, bis Lebensmittel knapp sind. Dann ist Reis gefragter als Geld.

Was ist mehr wert? Eine schöne Frau oder eine weniger schöne Frau? Wie sind die Eigenschaften der Frauen? Was haben sie aus ihrem Leben "gemacht"? Und vor allem: Wie fühlen sie sich selbst? Meist fühlen sie sich so, wie sie von außen her behandelt werden. Scheinbar. In Wahrheit gibt es etwas, was ihr Selbstwertgefühl nennt. Das ist etwas, was einem tiefen inneren Gefühl entspricht. Doch woher stammt dieses Gefühl?

Einer, der unter hungernden Menschen einen Sack voll Reis austeilt, gilt als reich und angesehen. Der gleiche Mensch mit dem gleichen Sack voll Reis, der auf eine Gala kommt, um dort Reis zu verteilen, wird wie ein Bettler behandelt! Warum?

Er tut genau das Gleiche. Wie also kann es sein, dass er so unterschiedlich angesehen wird?

**Werte sind etwas vollkommen Unreales.
Absolut veränderbar,
je nach Zeitgeist und Geschmack.**

Und dennoch: Jeder lässt sich davon beeinflussen, meist unbewusst. Oftmals wird bereits Kindern direkt oder indirekt beigebracht, dass sie nur etwas wert sind, wenn sie auch sich so verhalten, wie Eltern oder Erzieher oder Lehrer es wünschen. Dieses Bild prägt sich dem Kind ein. Es wird geprägt, wie eine Münze. Alle Weltbilder derer, die mit ihm in Kontakt waren, werden ihm aufgedrückt, ob gewollt oder ungewollt, spielt hierbei keine Rolle.

Somit, um bei diesem anfänglichen Beispiel zu bleiben, würden sich zwei Kinder – falls der eine der Sohn eines Millionärs ist und der andere einen Sack Reis hätte – beide gleichwertig fühlen, solange sie sich in der für sie günstigen Umgebung befinden würden. Wenn sie ihren Standort tauschten, aber nicht ihre materiellen Güter, so würden sich beide als wertlos fühlen. (Natürlich könnte man hier bemerken, dass man für Geld viel Reis kaufen könnte; so jedoch stellt euch bitte vor, man würde sich mitten in einer rauen Landschaft befinden; ohne Supermärkte, Händler, Fortbewegungsmittel ...) Wie aber kann so etwas passieren?

Ebenso verhält es sich in jedem Privatleben. Der eine legt Wert auf gutes Essen, ein anderer bevorzugt Fastfood, aber glaubt, ein teures Auto sei sehr wertvoll. Ein anderer wiederum sieht nur in den Menschen einen Wert, die, dem Zeitgeist entsprechend, angesehene Berufe ausüben. Im Gegensatz dazu werfen sie einer Mutter, die sich "nur" um das Wohl ihrer Familie sorgt, missbilligende Blicke zu. Warum?

Oder warum scheinen neue Errungenschaften wertvoll, aber nach ein paar Stunden oder Tagen schon verlieren sie sofort an Wiederverkaufswert? Es kann doch in diesen paar Stunden nichts Wertminderndes geschehen sein? Dennoch ist es üblich, dass Neues teurer ist als Altes. Außer es ist Mangelware, dann ist oft Altes, Kaputtes mehr wert als Neues. Weshalb?

Woher stammt dieses Gefühl, etwas als wertlos oder wertvoll zu bezeichnen? Wenn man alles mühelos klassifizieren könnte, so dürfte es diese gegensätzlichen – oder scheinbar anderen – Wertvorstellungen nicht geben. Es gibt noch einfachere Beispiele. Was für einen Nichtraucher nutzlos ist, das erfreut den Raucher. Oder ein Sportler, der sich über seine neuesten Turnschuhe freut, die sehr teuer waren, kann nicht verstanden werden von einem barfußgehenden Naturburschen – und natürlich auch umgekehrt.

Werte erschafft sich also jeder selbst.

In Zusammenfassung seiner kindlichen Prägungen und dem Zeitgeist der jeweiligen Kultur, wo er sich befindet.

Alles ist nur scheinbar so.

Nicht Wirklichkeit.

Und darum achtet darauf, was für euch zurzeit wertvoll ist: War es das schon immer? Oder schätzt ihr den Wert von Gesundheit erst dann, wenn ihr euch krank fühlt? Erkennt ihr den Wert einer Handvoll Reis erst dann, wenn ihr länger nichts gegessen habt? Oder den Wert von Wasser? Hattet ihr jemals solchen Durst, dass ihr alles für ein paar Schluck Wasser hergegeben hättet?

Wertvoll erscheint jedem Menschen immer das,
was er gerade zu brauchen glaubt
oder sogar tatsächlich benötigt.

Oder die Liebe eines Menschen, die er einem anderen schenkt. Der Geruch des Regens nach langer Trockenperiode. Der Sonnenschein nach Wochen von wolkenverhangenem Himmel. Ein weiches, kuscheliges Bett nach einer langen, anstrengenden Wanderung ...

Werte sind variabel.
Individuell variabel.
Je nach Laune und Geschmack
und dem Massenbewusstseinsdenken.

Somit ist es also vollkommen überflüssig
beziehungsweise schädlich, sich selbst als wertlos zu fühlen.

Denn niemand ist wertloser
als irgendein anderer!

Und niemand ist wertvoller
als irgendein anderer!

Das glauben manche von euch nicht? Dann fehlt es euch nur an entsprechenden persönlichen Erfahrungen.

Stellt euch vor, ihr wäret kurz vorm Ertrinken und euer ärgster Feind würde euch retten, weil er gerade zur rechten Zeit am rechten Ort ist, während euer Freund vielleicht nicht einmal erahnt, dass ihr einer Rettung bedürft. Wer ist wertvoller? Oder sind plötzlich beide gleichwertig? Jeder auf seine eigene Art und Weise?

Denkt nach über euer eigenes Fühlen.
Bestimmt fühlt ihr euch nicht in der Gegenwart
verschiedener Menschen immer gleichwertig?
Ich bin mir sicher, dass dieses Gefühl sich ständig wandelt.
Der Ursache entsprechend,
als wie wertvoll oder wertlos ihr den Menschen anseht,
mit dem ihr gerade zusammen seid.

Danach setzt ihr
– meist unbewusst –
eure eigene Werteskala an.

Und dementsprechend fühlt ihr euch.
Ihr beurteilt und verurteilt euch also sogar ständig selbst.

Nehmen wir als Beispiel einen Schüler, der eine Drei als Note für eine Arbeit erhalten hat. Sicherlich wird er sich "schlechter" fühlen denen gegenüber, die eine Eins oder Zwei erhalten haben. Aber mit Sicherheit fühlt er sich denen überlegen, die eine Vier oder Fünf erhalten haben. Warum? An der Drei ändert sich nichts. Aber es ändert sich der Bezug zur Drei.

Achtet also darauf, wie ihr euch anderen gegenüber fühlt, und vor allem versucht herauszufinden, warum!!

Eine ganz wichtige Lektion.
Ich bitte euch,
jetzt wirklich auf euer eigenes Selbstwertgefühl zu achten.
Darauf, wie sehr ihr euch von der Meinung
oder dem Weltbild anderer beeinflussen lasst
oder euch selbst beurteilt in verschiedenen Situationen
mit wechselndem Bezug, aber gleichbleibender Eigenschaft.

Macht es euch eigentlich Freude,
euch selbst besser kennenzulernen?

Nur auf diese Weise
– durch das Kennenlernen von euch selbst –
könnt ihr überhaupt diese ganze Schöpfung begreifen lernen.

Wisst ihr, was auch noch interessant ist? Wie fühlt ihr euch, wenn ihr euch vollkommen unbeobachtet fühlt? Würdet ihr euch genauso verhalten, wenn ihr wüsstet, dass ihr beobachtet werden würdet? Und vor allem – von wem?

Durchschaut die Illusion aller Wertvorstellungen
an euren eigenen Gefühlen.
Deckt auf, was euch unbehaglich erscheint.

Seht euch die Ursachen hierfür an,
um sie zu entlarven
und somit nicht mehr von ihnen gefangen zu sein.

Es gibt noch eine entscheidende Frage:

Entspricht das,
was ich gerade denke und tue,
meinem eigenen Inneren?

Kommt es aus meinem Herzen?

Oder denke und tue ich es nur,
weil ich glaube,
somit den Wertvorstellungen anderer
– und mir selbst –
gerecht zu werden?

Bitte übergeht dieses Thema nicht leichtfertig.

Es betrifft jeden von euch.

Und es bedarf großer Wachsamkeit eurerseits,
eurem eigenen Selbstwert- und Wertdenken
auf die Schliche zu kommen.

Habt Mut!

Lernt euch selbst kennen.

**Und achtet heute besonders darauf,
wohin all' die Wertvorstellungen entschwinden,
wenn ihr in die Stille geht,
in euer eigenes Herz hinein fühlt.
Die Liebe fühlt, die in euch ist ...**

Dann sind alle anderen Vorstellungen unwichtig geworden
und jenseits eures Fühlens.
Dort findet ihr alle Antworten.
Dort in eurem Inneren.
Dort, wo ihr die Wahrheit fühlen könnt,
ist kein Platz für die Illusion dieser Welt.

Dort – im Frieden des menschlichen Herzens – ist alles eins.
Alles gleichwertig.
Alles verbunden.
Alles Liebe.

Diese Art von Selbsterfahrung ist die wichtigste,
die ihr machen könnt.

Alles ist Liebe,
weil alles eins ist.

Gemeinschaften

Inzwischen wünschen sich immer mehr Menschen wieder eine ursprünglichere Lebensform als das Kleinfamilien- und Singledasein. Die Auswirkungen des sogenannten Industriezeitalters auf die Lebensformen der Menschen sind enorm. Alte Strukturen werden willentlich zerstört und der Glaube in die Menschen gepflanzt, dass es gut für sie sei, in kleinst-familiärer Struktur zu leben. Inzwischen hat sich diese Art zu leben als unglücksbringender, zeit- und nervenaufreibender Irrtum herausgestellt. Denn in einer solchen Kleinfamilie oder Single-Haushalten fehlen die nötigen vielen Hände, vielen Ideen, vielen Impulse, die in einem natürlichen Miteinander automatisch vorhanden sind. Außerdem führte diese unnatürliche Lebensart dazu, dass sich die Menschen immer mehr von ihren Artgenossen isolierten und gleichzeitig isoliert fühlten.

Inzwischen ist der Punkt des Umdenkens erreicht. Viele Gemeinschaften sind schon gebildet worden, und noch viele Menschen träumen wieder von einer solchen Lebensform. Damit es jedoch nicht nur beim Träumen bleibt, sollte sich jeder Interessierte genauer darum bemühen, seinen Traum auch zu verwirklichen. Hierbei ist automatisch auf das Gesetz der Resonanz zu vertrauen. Die, die die gleichen Visionen haben, werden sich finden. Auch die möglichen Orte warten bereits darauf, neu belebt zu werden.

Doch diesmal solltet ihr wachsam sein!
Orientiert euch nicht zu sehr
an vergangenen Erprobungen
von gemeinschaftlichem Leben,

sondern erschafft Lebensgemeinschaften
der Neuen Zeit!

Ihr könntet sie auch als "Orte des Seins" bezeichnen.

Denn das ist der Hauptaspekt eures Wunsches.
Es ist der Wunsch, sein zu dürfen.
So zu sein, wie man ist.
So zu sein, wie man sich fühlt
und dennoch in Gemeinschaft zu sein.

Hierzu bedarf es vieler detaillierter Überlegungen, wie ein Leben in solch einer Gemeinschaft Wirklichkeit werden kann. Ich werde euch einige Anregungen geben:

Ganz wichtig ist,
dass die Menschen einer Gemeinschaft
auch ein wahrhaftiges, gemeinsames Ziel haben.

Ohne diese essentielle Gemeinsamkeit
wird ein gemeinsames Leben zum Scheitern verurteilt sein.

Es bedeutet nicht, viele auszuschließen,
sondern eher, die geeigneten Menschen zu finden.

– Hierbei schon wirklich auf sein eigenes Herz zu hören. –

Ansonsten wird es später Schwierigkeiten geben,
die bei Menschen mit gleicher Zielstellung
überhaupt nicht existieren.

Das ist die erste große Hürde. Und diese solltet ihr ehrlich und gewissenhaft untereinander diskutieren beziehungsweise herausfühlen. Es hat wenig Sinn, schon zu Beginn in verschiedene Richtungen zu gehen, denn auf diese Weise wird all' die Schöpferkraft von euch zerstreut und hat somit dementsprechend wenig Kraft.

Wenn ihr euch dann gefunden habt,
– wobei euch immer klar sein sollte,
dass Gott zusammenführt, was zusammengehört –
so ist die Wahl des Ortes ebenso von Bedeutung.

Es gibt schöne und weniger schön gelegene Orte,
je nach eurem eigenen Geschmack.

Wählt einen Ort nicht nach seinem jetzigen Aussehen,
sondern nach seiner Resonanz, die er zu euch hat
beziehungsweise ihr zu ihm habt.

Nur wenn ihr euch ganz sicher seid,
dass es dieser Ort ist, an dem ihr den Wunsch verspürt,
eure Visionen Wirklichkeit werden zu lassen,
so ist es auch der geeignete Ort für euch.
Das müsst ihr ganz ehrlich – und jeder für sich – erspüren.
Und lasst euch nicht von Äußerlichkeiten täuschen.
Am einfachsten ist es,
sich an einem Ort eurer Wahl in Meditation zu begeben,
um die Energie dieses Ortes zu euch zu fühlen.

Hierbei werdet ihr ziemlich sicher fühlen,
ob euch der Ort anzieht oder ablehnt.

> Ein Ort ist schließlich ein Teil von Mutter Erde.
> Und Mutter Erde weiß
> um die Bestimmung und Eignung ihrer Erdteile.

Dies ist der zweite, sehr wichtige Schritt. Falls ihr mehrere Orte in Erwägung gezogen habt, solltet ihr euch für einen entscheiden, da sonst ebenso eure Energie zerstreut wird, wie es bei der ersten Hürde – bei Uneinigkeit – möglich wäre.

Wenn ihr dann die potenziellen Menschen für den Beginn eurer und ihrer gemeinsamen Vision gefunden habt, die sich alle auf einen Ort geeinigt haben, so ist es an der Zeit, zu formulieren, was eure wahren Beweggründe sind, in einer Gemeinschaft leben zu wollen. Und wie?

Am geschicktesten ist es, dass jede Familie ein kleines, überschaubares Häuschen bewohnt, was sich harmonisch in die Natur des Ortes einfügt.

> Es ist ganz wichtig,
> Vieles dieses Ortes so natürlich zu belassen,
> wie es gewachsen ist.

Die Zeit der Rodungen sind Gott sei Dank vorbei. Eine möglichst naturbelassene Umgebung mit Wasser – sei es ein Bach oder ein Teich oder ein See – ist sehr wichtig. Es gibt nicht umsonst so viele Gewässer auf Mutter Erde!

> Ihr solltet das Wasser auch trinken können von dem Ort,
> an dem ihr euch niederlasst.
> Das ist eine hochwichtige energetische Verbindung!

Es ist nicht daran zu zweifeln, dass alte Kulturen immer an Gewässerufern gesiedelt haben. Aus zweckmäßigen, sowie ebenso energetisch bekannten Gründen. Diese Wichtigkeit solltet ihr keinesfalls unterschätzen.

Achtet einmal darauf, wie wohl und entspannt ihr euch fühlt beim Anblick von Wasser in seiner naturbelassenen Form – seien es Bäche, Flüsse, Seen oder Meere. Ihr sucht diese besonderen Orte sehr gern auf. Und dieser urnatürliche Drang, Orte mit solcher Qualität zu besiedeln, ist ein ebenso wichtiger Grund für die bewusste Suche eures Ortes.

Denn ein Ort mit Gewässer
– insbesondere Wasser in Bewegung –
heilt ständig und natürlich
Unregelmäßigkeiten oder Disharmonien.

Auch Disharmonien unter Menschen
oder Menschen und ihrer Mitwelt.

Auf diese einfache Weise, den richtigen Ort zu wählen, habt ihr schon große Vorteile erlangt, ganz abgesehen davon, was ihr Ökonomie und Ökologie nennt.

Werdet euch bewusst, dass es nicht nötig ist, noch mehr Wald zu vernichten, als eh schon vernichtet worden ist. Euch stehen genügend bereits besiedelte beziehungsweise ehemals besiedelte, aber verlassene Orte zur Verfügung. Und dann könnt ihr beginnen, eure Visionen zu verwirklichen.

Das ist ganz einfach.

Begebt euch an den Ort eurer Wahl,
g e m e i n s a m
mit euren potenziellen Gemeinschaftssuchenden,
und meditiert alle gemeinsam.

Sprecht anschließend ganz offen und ehrlich miteinander;
über alles, was ihr erfühlt oder erhört
oder in Bildern gezeigt bekommen habt.
Denn es ist wahrhaftig so,
dass, wenn ihr mit dem Ort eine Verbindung eingeht,
er selbst es sein wird, der mit euch gemeinsam
die bestmögliche Möglichkeit eurer Vision verwirklichen wird.
Wenn ihr auf diese Weise vorgeht,
so werdet ihr eine Gemeinschaft
des Friedens und der Liebe erschaffen.

Macht euch nicht die Sorgen, wie und wann oder wovon …
Alles wird ganz wie von selbst geschehen.
Fügungen werden mit Leichtigkeit arrangiert,
denn jetzt wirkt auch die Energie der Erde
g e m e i n s a m   m i t   e u c h.

Erkennt, dass ihr wunderbare, kraftvolle Wesen seid,
die eine friedvolle Welt erschaffen können.
Fangt an!
Worauf wartet ihr?

Denken und Sein

Ohne zu sein, kann man nicht denken.

Demzufolge ist das Sein
– oder BewusstSEIN –
eine unbedingte Voraussetzung.

Wenn jemand oder etwas nicht ist
beziehungsweise nicht existiert,
so können alle sich daraus ergebenden
Umstände oder Zustände nicht stattfinden.

An erster Stelle steht also immer das Sein.

"Ich bin."

Was bedeuten diese unscheinbaren, aber absolut existentiellen Worte, wenn sie in dieser Reihenfolge gedacht oder als Folge des Denkens gesprochen werden? In umgekehrter Reihenfolge ist die Bedeutung fast gegensätzlich, denn dann entsteht ein Zweifel an der eigenen Existenz: "Bin ich?" würde eine völlig andere Bedeutung haben als "Ich bin". Und deshalb ist der Ausspruch, den ein jeder wohl irgendwann schon gehört hat, so einfach: "Ich denke, also bin ich." Denn ohne zu sein, könnte niemand denken. Woher also stammen all' die unzähligen Gedanken, die ein Mensch während seines menschlichen Daseins denkt? Wenn sie vom Körper stammen würden, so ist es unbegreiflich, weshalb ein jeder Mensch sich so viele verschiedene, sich sogar oftmals unterscheidende oder sogar widersprüchliche Gedanken macht.

"Gedanken macht". Schauen wir uns diese beiden Worte genauer an: Man macht sich Gedanken. Hierbei ist allentscheidend, worüber man sich Gedanken macht! Denn die Macht der Gedanken ist inzwischen sogar wissenschaftlich bewiesen worden. Jeder Gedanke muss sich manifestieren. Das ist ein unumstößliches Gesetz, sogar unabhängig davon, ob der Denkende von diesem Gesetz weiß oder nicht. Besser jedoch ist es, sich mit diesem göttlichen Gesetz vertraut zu machen.

**Denn wenn man weiß,
dass jeder Gedanke Auswirkungen hat,
insbesondere auf das Leben dessen,
der diese speziellen Gedanken gedacht hat,
und erst in geringerem Maße auf seine Mit-Welt ...**

**Alles, was ihr an Gedanken aussendet,
kehrt vielfach zu euch zurück!
Alles.**

Da der Zeitpunkt sich jedoch nicht unmittelbar sofort
beim Denken "ereignet",
versteht ihr oftmals nicht mehr den Zusammenhang
eines irgendwann gedachten Gedankens
und seiner unwiderruflichen Auswirkungen.

**Die Summe aller Gedanken,
die ihr je gedacht habt,
– und nicht nur in dieser Inkarnation –
ist es,
die euer gegenwärtiges Leben ausmacht.**

Ihr fragt euch, wer es ist, der denkt.
Und ich sage euch,
dass ihr niemals durch Denken den erfassen könnt,
der denkt.

Denn "er" ist jenseits des Denkens.
"Er" steht hinter allem Denken
und ist dennoch das Denken selbst.

"Er ist. Ich bin. Wir sind. Ihr seid. Du bist." Es ist immer das Gleiche gemeint: das unendliche, mit dem Denken unfassbare, reine Bewusstsein. Und dieses Bewusstsein hat Albert Einstein als das einheitliche Feld bezeichnet. Und dieses einheitliche Feld bedeutet nichts anderes, als dass alle und alles diesem reinen Bewusstsein entstammt.

Doch jetzt und hier auf der Erde, diesem ganz besonderen Planeten, wo euch die Möglichkeit gegeben ist, euch selbst zu erkennen, habt ihr vergessen, wer ihr in Wahrheit seid. Ihr seid wahre und reine göttliche Wesen. Reines Bewusstsein. Doch warum habt ihr das vergessen? Weil ihr hierher gekommen seid, um euch im Rahmen der Dualität von "gut und böse", "warm und kalt", "weit und nah" und so weiter, selbst kennenzulernen. Um zu begreifen, dass all' diese Dualitäten in Wahrheit nicht existieren, weil alles und alle aus der einen Quelle stammen.

Wenn man einen Klumpen Ton hat, so kann man alles mögliche daraus formen. Ob es eine Tasse ist oder ein Kerzenständer oder der Kopf eines Löwen ... Es spielt keine Rolle, was ihr formt, denn die Grundlage all' der Formen ist immer noch der ursprüngliche Ton. Auch, wenn ihr jetzt nicht mehr sagt: "Das ist Ton", sondern: "Das ist eine Tasse, ein Kerzenständer, ein Löwenkopf"... Ihr vergesst fast automatisch, dass all' diese Dinge aus einer einzigen Substanz erschaffen wurden. Und übrigens wurden sie erschaffen durch die Hände von Menschen. Doch wer bewegt die Hände, woher wissen die Hände, was sie wie in Form bringen sollen? Der Tonkünstler hat sich schon vorher oder spätestens während des Formens Gedanken darüber gemacht, welche Form er diesem Stück Ton geben will.

Zuerst stand also wieder der Gedanke, bevor überhaupt jegliche Handlung ausgeführt wird. Es hat keinen Sinn, sich durch Denken Gedanken zu machen, woher das Denken stammt. Es ist individuell und dennoch aus einer Quelle. Jeder denkt. Ständig. Das wird auch jeder schnell herausfinden, der sich bewusst über sein Denken Gedanken macht.

Hier ist schon ein großer Schritt geschehen. Denn wenn der Denkende irgendwann verstanden hat, dass er durch Denken allein noch keine wahren eigenen Erfahrungen gemacht hat, so wird er nach geeigneten Methoden suchen, um den oder das zu erfassen, was hinter dem Denken existiert, das heißt, was oder wer die Ursache allen Lebens ist.

Und dieser All-Eine ist nicht erfassbar durch das Zermartern des Gehirns. Dieses Gehirn ist wichtig für euch. Aber glaubt nicht, dass von ihm das Denken ausgeht. Das wäre viel zu kompliziert. Wie sollte sich in einem so kleinen Gehirn alles befinden, was ihr je – in all' euren Inkarnationen – gedacht habt? Es hat unglaubliche Speicherkapazität. Aber es ist nur das abrufbar, was gespeichert wurde.

Die Seele
– ich spreche hier von der individuellen Seele –
ist ein Bestandteil der Überseele
beziehungsweise des einheitlichen Feldes.

Und hier ist wahrhaftig alles zu finden,
was alle Menschen jemals gedacht haben und sogar alles,
was jemals in der gesamten Schöpfung geschehen ist.

Damit ist jeder verbunden.
Jeder, denn sonst könnte er nicht sein.

Stellt es euch so vor: Ihr möchtet ein elektrisches Gerät anschließen, damit es funktionstüchtig ist. Hierzu genügt es nicht, das Stromkabel nur hinzulegen. Am Kabel muss sich ein dementsprechender Stecker befinden, der wiederum direkt in eine Steckdose gesteckt werden muss, die mit dem Kraftwerk, woher der Strom kommt, verbunden ist. Alles muss exakt abgestimmt sein. Läge der Stecker neben der Steckdose oder wäre nicht exakt eingesteckt, so würde das Gerät nicht anzuschalten sein.

Und so ergeht es euch. Langsam begreift ihr, dass ihr unsterbliche Wesen seid, mit großer Kraft. Viele Yogis und Avatare bewiesen und beweisen es euch. Auch die Forschung in der Quantenphysik kommt dieser Tatsache immer näher. Aber was ihr wirklich benötigt, ist, einen Weg zu finden, wie ihr euch – so wie das elektrische Gerät – wieder bewusst an das einheitliche Feld anschließen könnt. Und diese Möglichkeiten existieren.

Es sind immer Schwingungen der Liebe.

Gedanken der Liebe ermöglichen euch,
ständig mit diesem Feld in Verbindung zu sein.

Aber wer begonnen hat, sein eigenes Denken zu beobachten, hat festgestellt, dass es sehr schwierig erscheint, ständig Gedanken der Liebe zu denken. Diese ganze Denkerei scheint sich immer und immer wieder der Kontrolle zu entziehen. Und deshalb ist es wichtig, eine geeignete Methode zu finden, wieder Herr über sich selbst zu sein. Nur noch zu denken, was zu positiven Resultaten führt. Hierzu ist tagtägliche Übung erforderlich und der starke Wille, auch wirklich hinter das scheinbare Geheimnis all' des Lebens zu kommen.

Es ist die Meditation.

Nur in der Stille könnt ihr euch erkennen.

Im Wasserspiegel eines Sees
kann man sein eigenes Spiegelbild erkennen.
Doch muss hierfür der See absolut klar
und die Wasseroberfläche ruhig sein.

In eurem eigenen inneren See
sorgen die ständigen Gedanken für Unruhe und Unklarheit,
deshalb könnt ihr euer wahres Sein nicht erfassen.

Und deshalb:

Meditiert. Meditiert. Meditiert.

Findet eine für euch geeignete Methode beziehungsweise führt
die Methode fort, die ich euch zu Anfang dieses Buches gab.

Und langsam, aber sicher werdet ihr
durch eigene innere Erfahrung herausfinden,
wer ihr in Wahrheit seid
und wer es ist,
der denkt.

Denn wenn ihr wirklich etwas beobachten wollt,
so müsst ihr dafür selbst ganz ruhig sein,
ganz klar,
ganz aufnahmebereit,
ganz friedlich;
ansonsten könnt ihr nicht beobachten,
was ihr beobachten wollt.
Und schon gar nicht euch selbst.

Hört damit auf,
euch den Kopf zu zerbrechen mit zu vielem Denken.
Versucht stattdessen,
euer ständiges Denken zu beobachten.
Das ist viel interessanter,
als "nur" zu denken.

Und ihr lernt euch in spielerischer Weise
wirklich selbst kennen.

Achtet auf eure Gedanken,
denn sie sind es,
die euer Leben bestimmen.

Ein jeder erschafft sich sein eigenes Leben
durch seine eigenen Gedanken.

Ihr glaubt es nicht?
Dann beginnt,
euch wahrhaftig beim Denken zu beobachten.
Beobachtet auch die vielen Zweifel an diesem oder jenem,
die in euch aufkommen.
Denn sie sind es,
die dafür verantwortlich sind,
dass oftmals nicht euer Leben so verläuft,
wie ihr es gerne hättet.

Beobachtet euch intensiv.
Schon allein diese "Tätigkeit" wird euer Leben verändern.
Hin zu einem friedvollen, glücklichen Leben,
was sich ein jeder von euch wünscht.
Fangt bei euch selbst an, die Welt zu verändern.
Hin zu friedvollem Denken
und somit einem friedvollen Miteinander.

Zeremonien

Babaji: Viele Menschen halten Zeremonien ab. So nennen sie das, was sie abhalten.

Shantima: "Das, was sie abhalten" ist eine Zeremonie? Eine eigenartige Bedeutung.

Babaji: Jedes eurer Worte macht Sinn. Vor allem die Reihenfolge der Worte. Und hier ist die Aussage: Zeremonien werden abgehalten.

Shantima: Ich bin mir jetzt nicht einmal mehr sicher, was das Wort "Zeremonie" überhaupt bedeutet. Harmonie fällt mir als nächstes dazu ein. Was bedeuten also zere, har und monie?

Babaji: Schau zuerst in einem Wörterbuch nach, bevor wir weiter schreiben. Denn eigentlich ist der Sinn darin schon gut erklärt. Manchmal seid ihr euch bloß nicht bewusst, welchen Sinn die Worte überhaupt haben, die ihr benutzt. Leider hinterfragt ihr vieles nicht mehr mit euren wahren Sinnen, sondern plappert nach, was ihr gehört habt, oder benutzt Worte, deren Sinn euch nicht vollkommen klar ist.

Shantima: Ich habe nachgeschaut. Bei Harmonie war es einfacher. Dieses Wort ist mir auch geläufiger. Dass es in der Musik als "wohltönender Zusammenklang" bezeichnet wird, verwundert mich nicht. Aber dass die wörtliche Übersetzung "Fügung" heißt, schon. Das wusste ich nicht. Die Bedeutung von Zeremonie herauszufinden, blieb oberflächlich. Dass es eine feierliche Handlung ist, ist klar. Auch dass hinter der Handlung eine Absicht steht – meist im religiösen oder mythologischen Bereich, auch. Doch jetzt ist für mich die persönliche Frage: die Absicht... Hier ist für mich der Punkt, wachsam zu sein. Welche Absichten haben diejenigen, die Zeremonien abhalten? Sind sie sich überhaupt ihrer Absichten bewusst? Und wieso gibt es in alten Kulturen Zeremonienmeister – jetzt und hier aber halten viele von uns Zeremonien ab?

Babaji: Und hier ist der Punkt. Dieses Thema ist aktueller denn je. Schon in unserem ersten Buch habe ich auf die Wachsamkeit hingewiesen, die ihr euch unbedingt zu eigen machen solltet bei dieser Art Handlungen. Ob sie nun Zeremonien oder Rituale genannt werden, ist völlig egal. Wichtig ist immer, genau auf die Absicht zu achten, die "dahinter-steckt", überhaupt eine Zeremonie ausführen beziehungsweise abhalten zu wollen. Es gibt einige wenige Zeremonienmeister auf dieser Erde, die wirklich wissen, was sie bewirken, und wirklich wissen, was sie tun.

Erinnert euch:
Jede Handlung hat Auswirkungen!
Schon jeder Gedanke hat Auswirkungen!
Daraus folgt, dass alles,
was ihr tut oder denkt, Auswirkungen hat.
Aber welche?
Welcherlei Art sind diese Auswirkungen?
Selbst wenn ein Mensch eine gute Absicht hegt,
aber sich nicht ständig dieser Absicht bewusst bleiben kann,
so ist bereits die Gefahr gegeben,
dass während des Abhaltens einer Zeremonie
Gedanken herumschwirren,
die nichts mehr mit der ursprünglichen Absicht zu tun haben.

Und nicht jede Absicht ist lichtvoll. Es gibt ebenso genug sogenannte dunkle Absichten beziehungsweise dunkle Gedanken unter euch Menschen. Hier ist also ganz besonders darauf zu achten, mit wem ihr euch einlasst, bei welchen Zeremonien oder Ritualen ihr dabei sein wollt. Achtet also immer besonders auf den Menschen, der euch zu solchen Handlungen einlädt. Fragt ihn nach seiner Absicht. Und fragt euch, ob überhaupt eure Absichten übereinstimmen.

Es kommt sogar vor – und besonders mit Klängen –, dass bestimmte Wesenheiten mit euch in Resonanz gehen, von denen ihr lieber Abstand gehalten hättet. Doch ihr selbst habt sie gerufen. Unbewusst und durch Unachtsamkeit. Mag sein, ihr habt Trommelschläge, Gongklänge und andere Instrumente benutzt, seid euch aber ihrer Benutzung nicht bewusst. Gerade all' die tieftönenden, erdigen Instrumente werden heute gerne benutzt. Sie haben etwas Erdiges, Irdisches. Aber was passiert in eurer Umgebung? Ihr ruft Wesenheiten herbei, die mit diesen Tönen und Klängen in Resonanz sind. Ihr fühlt euch dabei entweder gut oder schlecht; je nachdem, wie ihr selbst mit diesen Wesenheiten in Resonanz seid.

Ich bitte euch, damit aufzuhören, solange ihr euch nicht voll bewusst seid, was ihr tut. Oftmals haben die Ergebnisse dieser gut gemeinten Zeremonien nichts mehr mit eurer ursprünglichen Absicht zu tun. Alles, was je gewesen ist, existiert. Und denkt an "Goethes Faust", an den Ausspruch "... die Geister, die ich rief ..." Ein Zauberlehrling ist eben noch kein Meister. Und bevor man nicht die Meisterschaft über sich selbst erlangt hat, ist es oftmals gefährlich, womit ihr eure Zeit verbringt.

Lasst euch von eurer eigenen inneren Führung,
von eurem eigenen Herzen führen,
anstatt an Zeremonien teilzunehmen,
wo weder Absicht noch Ergebnis erkennbar sind.

Wenn ihr selbst euch
– wo immer ihr auch seid –
in den Zustand von Liebe,
das heißt,
liebevollen Gedanken, begebt,
so haltet ihr eure eigene Zelebration ab.

**Und wenn ihr euch im Zustand
– in der Schwingung von Liebe –
befindet,
so heilt ihr alles um euch herum.**

Überlasst denen, die selbstverwirklicht sind, die Abhaltung von Zeremonien. Hütet euch vor selbst ernannten Zeremonienmeistern.

Hütet euch davor,
Dinge zu tun, die euch schaden,
obwohl euch meist nicht einmal bewusst wird,
dass sie euch schaden.

**Ihr erkennt es an der Stimmung.
Wie ist die Stimmung vor, während und nach
eurem Zusammenkommen?
Falls ihr nicht gut gelaunt
und voll überströmender Liebe seid,
so ist etwas schiefgelaufen.**

Bedenkt bitte immer und immer wieder, dass Rituale in verschiedene Richtungen abzielen. Und leider gibt es noch immer viele, viele Menschen, die sich unbewusst an solcherart Ritualen beteiligen, ohne um die Auswirkungen zu wissen. Und die Auswirkungen sind da. Das ist ein unumstößliches Naturgesetz. Lernt also besser wieder die Naturgesetze kennen und richtet euch nach ihnen.

Alles,
was du aussendest,
kehrt vielfach zu dir zurück.
Das Gesetz der Resonanz arbeitet präzise.
Ob es euch bewusst ist oder nicht.

Spielt nicht mehr herum mit Dingen,
die ihr nicht beherrscht.

Ihr würdet euch doch auch nicht in ein Flugzeug setzen und es steuern wollen, ohne die notwendigen Kenntnisse hierfür erlangt zu haben. Ebenso absurd wäre es, euch in ein Flugzeug zu setzen, das ein Mensch steuert, der vorgibt, einen Pilotenschein zu besitzen, ihn aber in Wahrheit nicht hat. Ihr würdet euch nicht ins Unglück stürzen lassen wollen.

Und ebenso seid achtsam,
mit welchen Menschen
– mit welcherlei Kenntnissen –
ihr euch einlasst.

Ich will euch hier nicht in Angst versetzen.
Nur in ständige Wachsamkeit.

Achtet auf eure Gefühle und eure Gedanken.
Ständig!
Das ist euer allerbester Schutz.

Ihr braucht nur in Liebe zu sein,
und alles um euch herum wird automatisch
in diese Liebesschwingung versetzt.

Das ist euer wahres menschliches Erbe.

Nämlich,

dass j e d e r Mensch

dazu in der Lage ist,

L i e b e und H a r m o n i e

zu verbreiten.

Shantima: Das hört sich alles sehr streng an für manche Menschen, denke ich.

Babaji: Es ist wohl auch eine gewisse Strenge zu fühlen. Aber ohne diese Strenge, die ich eher als Wachsamkeit bezeichnen möchte, könnt ihr keine Fortschritte erzielen. Ihr müsst euch selbst kennen-lernen. Und das ist nur durch Wachsamkeit möglich.

Shantima: Wir müssen also immer mehr darauf achten, womit und mit wem wir unsere Zeit verbringen.

Babaji: "Womit"
ist noch viel wichtiger als
"mit wem".

Denn wenn ihr eure Zeit mit Gedanken der Liebe verbringt,
zieht ihr Freude in euer Leben.

Wenn ihr eure Gedanken für lieblose Dinge verschwendet,
so zieht ihr Leid in euer Leben.

Die Menschen in eurer Umgebung
werden davon abgestoßen oder angezogen.
Je nachdem, "womit" sie sich in Resonanz befinden.

Es liegt an euch selbst,
wie euer Leben sich gestaltet!

"Womit"
ist essentiell.

"Mit wem"
kommt automatisch dazu.

Selbstwertgefühl

Über Wert hatten wir bereits gesprochen. Lest euch als Einleitung bitte noch einmal dieses Kapitel über Wert und Wertlosigkeit durch. Ein einfaches Thema, weil es hierbei sich um eine Beurteilung von anderen handelt. Doch jetzt reden wir über

Selbst – Wert – Gefühl

Gefühle sind nicht konstant.
Werte sind nicht konstant.

Das Selbst aber ist konstant.
Nämlich absolut vollkommen und göttlich.

Und dennoch versucht ihr,
euer eigenes Selbst zu beurteilen,
dieses ewig seiende, glückselige Selbst.

Wie soll das überhaupt möglich sein? In Wahrheit könnt ihr euch nicht selbst be- oder verurteilen. Weil ihr nämlich vollkommene Seelen seid. Und dennoch: Ständig wertet ihr alles aus, was mit euch und um euch herum geschieht. Ich wiederhole: mit euch und um euch herum ...
Das bedeutet nichts anderes, als dass ihr euch vom Zeitgeist, das heißt, vom Massenbewusstsein der Menschen abhängig macht; was ihr zu tun habt, damit ihr anerkannt werdet, das heißt, euch wertvoll fühlen könnt. Aber das ist ein sinnloses Unterfangen. Nämlich sind Gefühle und Werte nicht konstant, also haltet ihr euch für ebenso instabil. Welch ein Trugschluss! Was ist Selbstwertgefühl?

Shantima: Ein Gefühl in Bezug auf andere. Wenn ich ganz allein bin und von niemandem beurteilt werde, so würde ich mir darüber wohl keine Gedanken machen. "Gedanken machen" ... das ist es! Ich mache mir darüber Gedanken, was andere von mir halten.

Babaji: Und du fühlst dich bei verschiedenen Begegnungen verschiedenartig selbstwertig?

Shantima: Ja.

Babaji: Ist das nicht absurd? Du bist du. Wieso fühlst du dich dann so verschieden?

Shantima: Es ist wohl der Bezug auf andere. Ohne einen Bezug wäre es völlig egal ...

Babaji: Ihr unterliegt hier alle einem großen Irrtum! Ihr glaubt, etwas leisten zu müssen, um anerkannt zu sein. Weiterhin glaubt ihr bereitwillig, dass die Arbeit, die ihr verrichtet, nur dann Wert hat, wenn ihr Lohn dafür erhaltet. Und dieser Wert eurer Arbeit ist dann vergleichbar mit dem Wert anderer Arbeiten.

Und das Allerverrückteste ist, dass ihr glaubt, dass Geld gleichzusetzen mit Wert ist! Der, der viel verdient, ist als wertvoll anerkannt. Ein wenig Verdienender als Abschaum. Abschaum braucht man nicht, man schöpft ihn ab und wirft ihn weg. Woher stammt diese Art zu denken? Es ist eine ziemlich neumodische Angelegenheit, denn so sehr lange existiert diese Form von Wert noch nicht, die ihr Geld nennt. Ursprünglich war es ein Hilfsmittel, um gegenseitig besser Waren austauschen zu können. Doch jetzt scheint es das zu sein, wofür zu leben es sich lohnt.

Lest den letzten Satz noch einmal: "... wofür zu leben es sich lohnt ..." Immer erwartet ihr einen sofortigen Lohn dafür, was ihr tut. Eine zerstörerische Angewohnheit! Wäre es nicht viel schöner, auch unent"Geld"lich etwas für andere zu leisten? Freiwillig? Und auch diese freiwilligen Arbeiten, die nicht entlohnt werden mit Geld, anzuerkennen als Arbeit? Was ist Arbeit?

Shantima: Spontan würde ich schreiben: eine Tätigkeit. Doch schon jetzt könnte ich nicht mehr klar definieren, was Tätigkeit bedeutet. Denn schon hier sind viele unscheinbare Tätigkeiten notwendig, damit entlohnte Tätigkeiten zustande kommen können.

Babaji: Ein Beispiel?

Shantima: Ich nehme ein verrücktes Beispiel: Damit ein Präsident mit einem Flugzeug zu einem Staatsbesuch fliegen kann, sind abertausende Tätigkeiten von vielen Menschen notwendig. Diese aber werden wohl nicht wahrgenommen, oder man weiß nicht einmal von ihnen. Die Themen Sicherheit oder Organisation oder Timing oder Verpflegung oder oder oder...; dahinter "stecken" so viele Menschen, die entlohnt werden mit Geld. Und hinter diesen sind Familienangehörige, die unbezahlte Arbeit leisten, damit die entlohnten Menschen Zeit dafür haben, ihrer bezahlten Arbeit nachzugehen. Ich kann es nicht nachvollziehen im Detail. Es ist so Vieles, was dahinter steckt, bemerke ich gerade. Doch denkt wohl niemand an ein Zimmermädchen, eine

Putzfrau (mit oder ohne Lohn), das Bodenpersonal am Flughafen, die Sicherheitsleute im Hintergrund. Erst recht nicht an deren Familienangehörige, die dafür sorgen, dass deren "Rücken freigehalten wird", das heißt, sie sich nicht selbst um die alltäglichen vielen, vielen unbezahlten Dinge, die zu erledigen sind, kümmern müssen.

In diesem Moment wird der Präsident gesehen, und alles andere verschwindet, obwohl es ohne all' diese vielen, vielen bezahlten und unbezahlten Jobs überhaupt nicht zu einem Staatsbesuch hätte kommen können. Und all' das wird bezahlt. Von Steuergeldern. Denselben Steuergeldern, die auch Menschen bekommen, die man Arbeitslose nennt. Und ein Staatsbesuch "frisst" wahrscheinlich das Budget aller Arbeitslosen eines Landes an einem einzigen Tag auf. Und verrückterweise wird ein Präsident geehrt, aber die Arbeitslosen als wertlos angesehen. Obwohl die Bezahlung aus der gleichen Quelle kommt. Nämlich aus den Steuergeldern aller Bewohner und Besucher dieses Landes. Aller. Keiner ist ausgenommen. Denn auf alles, was gekauft wird, sind Steuern zu entrichten. Es ist seltsam, wie wir denken. Seltsam, welche Wertvorstellungen wir Menschen haben.

Babaji: Der Präsident und die Putzfrau: Wer ist wertvoller?

Shantima: Mein spontaner Satz: Die Putzfrau könnte ohne den Präsidenten sein (insofern sie nicht gerade im Staatsdienst putzt). Aber ein Präsident ohne Putzfrau?

Babaji: Wer ist wertvoller?

Shantima: Keiner.

Babaji: Wieso glauben dann aber alle, der Präsident sei wertvoller?

Shantima: Hier fällt mir keine Antwort ein.

Babaji: Weil es sie nicht gibt, diese Antwort.

Shantima: Sie gibt es nicht?

Babaji: Nein. Alle sind eins. Alle sind gleich. Ein Präsident ohne Volk wäre nutzlos. Daraus folgt, das Volk kann ohne Präsidenten sein, aber der Präsident nicht ohne Volk. Geputzt werden muss überall. Ob bezahlt oder unbezahlt. Und dennoch fühlt sich eine Putzfrau dem Präsidenten gegenüber als wertlos ...

Shantima: Was läuft hier schief?

Babaji: Euer Massenbewusstsein ist es, was euch diese Wertvorstellungen vorgaukelt. Und selbst das Massenbewusstsein ist nicht konstant. Manch einer, der verbrannt wurde, wurde anschließend für heilig erklärt und umgekehrt.

Es sind immer die Auswirkungen eurer eigenen Gedanken. Immer. Von euren eigenen Gedanken, die vom Massenbewusstsein stark beeinflusst werden, macht ihr euch abhängig. Davon macht ihr abhängig, wo euer eigener Wert einzustufen ist.

Und seltsamerweise sind die meisten Menschen, die jetzt verehrt werden, zu Lebzeiten "arm" gewesen und nicht beachtet und geachtet worden, weil sie dem Massenbewusstsein voraus waren. Weil sie Dinge erschufen, ob sichtbar oder unsichtbar, die zu ihren Lebzeiten noch nicht als wertvoll erkannt wurden. Nehmt eure Dichter und Denker und schaut euch ihre Biographien an, dann wisst ihr, wie euer Denken, eure Gedanken beeinflusst werden. Und all' das zusammen ergibt das, was ihr Selbstwertgefühl nennt. Meist ehrt ihr die Toten mehr als die Lebenden (obwohl die Seele unsterblich ist).

Bedenkt,
dass jeder Mensch seine Aufgabe im Leben zu erfüllen hat,
und hört auf,
danach zu urteilen,
ob er Geld dafür erhält!

Manche erhalten etwas anderes als Lohn für ihre Arbeit.
Sie erhalten inneren Frieden
und inneren Zugang zu ihrem wahren Sein.

Dieser Lohn ist unsichtbar und wird noch nicht anerkannt.

Aber in Wahrheit sucht ihr ihn alle,
den inneren Frieden.

**Und wenn ihr diesen Frieden gefunden habt,
dann stimmt euer Selbstwertgefühl.**

Dann könnt ihr euch so annehmen,
wie ihr seid,
auch wo ihr seid.

**Automatischerweise nehmt ihr dann
auch alle anderen an, so wie sie sind.**

Euer gegenseitiges Beurteilen
und das Urteilen darüber,
wie ihr in die Welt passen könntet,
(was ihr euch selbst ständig vormacht)
hört dann auf.

Dann gibt es nur noch das wahre Selbst,
ohne das instabile Gefühl und den wechselhaften Wert.

Dieses wahre Selbst, was nichts anderes ist als Liebe.
Verbunden mit allen anderen "Selbsten".

Lernt, euch selbst zu lieben.

Lernt, auf eure eigene innere Stimme zu hören.

Nehmt nicht mehr das Geld (als äußere Messlatte),
sondern den inneren Frieden als wahre Messlatte.

So lange,
bis ihr wisst,
dass ihr in Wahrheit
keine Messlatten mehr braucht.

Om Shanti, Shanti, Shanti.
(Om Frieden, Frieden, Frieden.)

Lernt von den Kindern

Seid glücklich wie die Kinder.
Wenn das als Erwachsener nur so einfach wäre ...

Wo ist der scheinbare Unterschied zwischen einem glücklichen, in sich selbst (beim Spiel) versunkenen Kind und einem Erwachsenen? Manchmal spielen Erwachsene mit Kindern Kinderspiele. Aber seltsamerweise gehen die Kinder bei diesem Spiel auf und freuen sich ihres Daseins. Die mitspielenden Erwachsenen jedoch schaffen es nicht, das ganze Spiel über ebenso voller kindlicher Freude zu sein. Am Spiel kann es nicht liegen. Wo also ist die Ursache zu finden?

Kinder sind gegenwärtig, wenn sie in ein Spiel vertieft sind. Sie nehmen alles um sich herum wahr und auf und an. Sie sind mit ihren Gedanken ganz bei diesem Spiel – voller Freude noch dazu! Ihr sollt die nächste Gelegenheit nutzen und euch auf ein Spiel mit Kindern einlassen. Wenn ihr den Mut dazu habt, wird sich sehr schnell eine Gelegenheit für euch auftun. Aber jetzt ist die Frage: Werdet ihr diese, sich auftuende Gelegenheit überhaupt bemerken? Vielleicht ist es nur das Lächeln eines Kindes, welches euch einlädt, mitzuspielen. Oder aber, ihr findet nicht aus euren eingefahrenen Mustern heraus, die euch sagen, dass spielen Zeitverschwendung ist. Oder es passt euch gerade nicht ... oder ihr habt keine Lust ... oder ihr findet Kinderspiele zu albern ... oder ihr schämt euch vor anderen (Erwachsenen), die euch zusehen könnten.

Diese "oder" sind unendlich. Findet eure eigenen heraus. Denn diese müsst ihr zuerst überwinden, wenn ihr euch auf die Erfahrung einlassen wollt, euch wirklich wieder glücklich und frei zu fühlen. Wenn ihr euch dann einlasst auf ein Spiel, so ist die nächste Schwierigkeit, es zu schaffen, ganz gegenwärtig zu sein. Nicht auf die Uhr zu schauen, keine "sinnvollen" Tätigkeiten vorzuschieben, und vor allen Dingen: das kindliche Spiel nach den Regeln der Kinder zu spielen. Und hier liegt die größte Herausforderung für einen jeden Erwachsenen.

Jetzt ist Phantasie gefragt.
Grenzenlose Phantasie.
Und Geduld.
Eine Geduld jenseits eurer Erwachsenenvorstellung
von Geduld.

Und nicht zuletzt:

Bei Kindern gibt es keine starren Regeln.
Sie lassen ihr Spiel fließen.
Erfinden, wenn es ihnen gefällt, auch neue Regeln,
die vielleicht konträr zu den alten Spielregeln sind,
an die ihr euch erinnert
(eventuell aus eurer eigenen Kindheit).

Übernehmt nicht die volle Führung.
Hütet euch davor,
das Spiel in eure Richtung beeinflussen zu wollen,
denn dann unterbrecht ihr den freien Lauf eines Spieles.

Sobald ein Spiel starr wird,
macht es nicht mehr frei und glücklich.

Deshalb machen übrigens auch Computer- oder Gameboyspiele eure Kinder so schlecht gelaunt. Hier fehlt immer der freie Fluss. Zu viele Vorschriften ersticken die Phantasie. Und eine erstickte Phantasie ist gleichbedeutend mit erstickter Kreativität. Und diese führt zu erstickter Freiheit. Alles zusammen zu etwas, was ihr zusammengefasst als "schlechte Laune" bezeichnet.

Aber ich bitte euch wirklich, es auszuprobieren, bei der nächsten sich bietenden Gelegenheit, mit Kindern zu spielen. Wenn ihr dann das erste Mal bemerkt, dass ihr völlig unbeschwert gelacht habt, dann wisst ihr ein wenig davon, wie man sich eigentlich ständig fühlen könnte: unbeschwert und somit glücklich.

Und hier ist auch der Unterschied zwischen einem Kind und einem Erwachsenen. Kinder sind noch relativ unbeschwert. Sie beschweren ihr Leben noch nicht mit ständigen Sorgen oder Kummer. Sie verstehen es noch, gegenwärtig zu sein.

Und wenn du gegenwärtig bist,
so nimmst du ganz
s e l b s t v e r s t ä n d l i c h
die Schönheit des Lebens wieder wahr.

Es ist wichtig, das Leben fließen zu lassen.
Und vor allem, das Leben von anderen fließen zu lassen.

Denn hier entstehen all' eure Sorgen.
Meist wollt ihr dringlich das Leben von anderen beeinflussen,
nach euren eigenen Vorstellungen hin.

Und dass Vorstellungen veränderlich sind, habt ihr inzwischen oft genug erfahren. Auch eure Vorstellungen vom Leben haben sich sicherlich im Laufe der Jahre geändert beziehungsweise verändert. Das Leben ist Veränderung. Alles Starre bedeutet Stillstand. Stillstand bedeutet wiederum Tod. Also:

Wenn ihr eure Lebendigkeit fühlen wollt,
so preist die Veränderung
und gebt euch dem Fluss des Lebens hin.

Vor allen anderen Dingen kümmert euch um euch selbst, darum, ob ihr selbst im Fluss des Lebens glücklich schwimmt oder eher festgehakt seid. Denn nur eure innere Einstellung vermag es, euch glücklich schwimmen zu lassen. Nicht treiben zu lassen, sondern schwimmen zu lassen. Aktiv, in die für euch richtige Richtung, in Leichtigkeit.

Und hierfür könnt ihr eure Kraft nicht vergeuden, indem ihr andere in diesem sich ständig bewegenden (Lebens-) Strom mit zerrt. Dann würdet ihr "außer Atem" kommen. Das Schwimmen würde anstrengend und gefährlich werden und euch keine Freude mehr bereiten. Lasst andere ihre Bahnen ziehen. Vielleicht schwimmt ihr sogar im Gleichtakt nebeneinander. Achtet aber darauf, dass ihr nicht auf- oder untereinander geratet.

Haltet Abstand.
So viel Abstand, dass ihr euch gegenseitig nicht behindert.

Teilt euer Glück miteinander.
Aber haltet euch nicht fest.

Denn durch Festhalten könntet ihr euch nur sehr eingeschränkt bewegen, und es würde zu eurem Untergang führen.

Achtet darauf,
dass ihr immer frei beweglich bleibt
und auch anderen ihre Freiheit lasst.

Beim Schwimmen im Wasser könnt ihr gar nicht anders. Natürlich gibt es auch Rettungsschwimmer. Aber selbst diese, die dafür trainiert haben, andere zu retten, können auch nur eine gewisse Zeit eine andere Menschenlast mit sich tragen. So lange, bis sie diese Menschenseele ans rettende Ufer gebracht haben. Dort sorgen vielleicht erst einmal andere Menschen oder Umstände für die Genesung der Geretteten. Aber der Rettungsschwimmer selbst schwimmt weiter, seine Kraft gut gebrauchend und wissend, dass er noch Kraftreserven benötigt; vielleicht für den nächsten Einsatz. Wenn ein Nichtschwimmer versuchen würde, einen Nichtschwimmer zu retten, so wäre die Gefahr groß, dass beide untergehen würden. Lasst Abstand zwischen euch, so dass eure Bewegungen ungehindert passieren können.

Achtet auch auf eure Mitmenschen,
aber zwingt ihnen nichts auf, was sie nicht selbst wollen.

Helft, wo immer ihr helfen könnt.
Doch immer nur dort,
wo eure Hilfe tatsächlich gewünscht wird.

Mischt euch nicht ein in Dinge, die euch nichts angehen.
Sonst behindert ihr euch damit selbst.

Und: Spielt wie die Kinder.
Seid so ehrlich zu euch selbst
– und allen anderen –
wie die Kinder.
Seid glücklich wie die Kinder.

Nehmt euch an allen Kindern der Welt ein Beispiel.
Beobachtet sie!
Ihre Offenheit.
Ihre Liebe.
Ihre Bedingungslosigkeit.

Seid achtsam. Seid wachsam.
Und genießt den Fluss des Lebens.
Kämpft nicht gegen die Strömung,
um euch euren Weg zu bahnen.

Ich wünsche euch eine glückliche Reise. Euer Leben ist wie ein Spiel. Ein Spiel, von dem ihr nicht wisst, wie es ausgeht; ein Spiel, von dem ihr sogar die Regeln vergessen habt. Und genau das macht dieses Spiel auf Erden aus. Euer Leben zu leben in Liebe, mit Achtung vor euch selbst und vor anderen.

Wenn ihr auch nur e i n e e i n z i g e R e g e l beachtet,
so wird sich euer Leben von selbst
friedvoll und glücklich gestalten.

Diese Regel ist ganz einfach, ganz schlicht:

**Behandle alles und alle so,
wie du selbst behandelt werden möchtest.**

Auf diese Weise sind Friede und Glücklichsein mit euch.
Denn das göttliche Gesetz wird euch antworten:
schneller, als ihr glaubt.
Präziser, als ihr euch vorstellen könnt.

Ändert euer Leben.
Bevormundet andere nicht mehr,
das führt euch hin zu eurer eigenen Freiheit.

Schwimmt, statt euch treiben zu lassen.
Schwimmt euch frei.

Seid glücklich.
Seid wachsam.
Seid achtsam.

Und behandelt andere so,
wie ihr selbst behandelt werden wollt.

Und nehmt die Erfahrungen aus dem Kinderspiel mit
in euer Erwachsenenleben.

Vertrödelte Zeit

Obwohl Zeit ein sehr dehnbarer Begriff ist und in Wahrheit nicht in dieser Weise, wie ihr sie im Allgemeinen versteht, existiert, solltet ihr dennoch die Zeit, die euch auf Erden geschenkt wird, nicht nutzlos verstreichen lassen beziehungsweise vertrödeln.

> Was ist vertrödelte Zeit?
> Es ist verlorene Zeit,
> auf immer verlorene Zeit.

Denn du vermagst die Uhren nicht zurückzudrehen. Sondern du bist gezwungen, immer in der Gegenwart zu leben. Immer in der Zeit, die die Uhrzeit beziehungsweise das Datum gerade vorgibt. Ebenso entwickelt sich euer Körper von Geburt bis zum Tod. Ihr wisst, wann ihr geboren wurdet, aber keiner von euch weiß, wann er diesen Körper wieder verlassen muss. Deshalb ist es eine verrückte und irrsinnige Angewohnheit, die Zeit, die euch hier auf diesem besonderen Planeten geschenkt wurde, zu vertrödeln.

> Eine verlorene Zeit bedeutet nichts anderes
> als ein verlorenes Leben.

> Schiebt nicht mehr auf "später"
> beziehungsweise "ab morgen ..."
> all' das auf,
> was eurem Leben einen Sinn gibt.

Seltsamerweise sagt fast jeder von euch:
"... ab morgen ..."

Jedoch sagt ihr,
wenn a u s m o r g e n h e u t e g e w o r d e n ist,

wieder die gleichen Sätze:
"... ab morgen ..."

Ist das nicht vollkommener Selbstbetrug?

Ihr betrügt euch selbst um eure kostbare Zeit. Die Zeit sinnvoll zu nutzen, ist eine große Schwierigkeit in dieser Zeitepoche! Es wird alles getan, um euch von eurem eigentlichen Ziel der Selbstverwirklichung abzuhalten. So viele äußere Vergnügungen, die euch Glück verheißen, schwirren um euch und in euch herum, so dass es sehr schwierig ist, ihnen zu widerstehen beziehungsweise sie überhaupt als solch' irreführende Abschweifungen zu erkennen. Und zuallererst ist es wichtig, überhaupt euer eigenes Leben zu überdenken beziehungsweise es "unter die Lupe" zu nehmen:

Denn oftmals sind es nur
minimale, kleine, unscheinbare Gewohnheiten,
die euch daran hindern,
euren wahren Weg zu beschreiten.

Welcherart sind eure Gewohnheiten?
Nehmt euch einen Tag aus eurem Leben als Beispiel.
Einen aktuellen Tag.
Vielleicht "morgen"?

Wie beginnt ihr euren Tag. Womit? Mit wem? Womit beschäftigt ihr euren Körper? Und womit beschäftigt ihr euren Geist? Beginnt ihr tatsächlich jeden neuen Tag damit, in die Stille der Meditation einzutauchen, um dadurch aus eurer wahren Quelle Kraft zu schöpfen? Oder finden Meditationen eher sporadisch statt, wenn ihr mal Lust dazu habt? Noch interessanter ist es aufzudecken, womit ihr eure Zeit verbringt, anstatt zu meditieren. Anstatt euch selbst besser kennenzulernen. Anstatt auf diese Weise ein friedlicheres und glücklicheres Leben zu erschaffen.

Habt ihr Lust dazu?
Lust, auf dieses Spiel einzugehen?
Euch selbst einen Tag – eurer Wahl – lang,
selbst zu beobachten?

Auch in eure Beobachtung einfließen zu lassen,
wie es mit eurer Flexibilität steht
oder wie ihr andere behandelt.

Auch, welche Gedanken euch vorwiegend,
während dieses Beobachtungstages, begleiten.

Ein einziger Tag gibt natürlich noch längst keinen Aufschluss über euer ganzes Sein, aber mit Sicherheit bringt diese Beobachtung euch näher zu dem Erkennen eurer Gewohnheiten hin.

Vielleicht wird euch sogar erst bewusst, dass ihr überhaupt solcherlei Gewohnheiten habt? Sei es der Kaffee zum Frühstück; oder die Zigarette (das Zigarettchen); oder die Angewohnheit, das Radio einzuschalten; oder vielleicht sogar sofort zu meditieren; oder gleich jemanden anzurufen oder, oder, oder.

Macht den Versuch,
am n ä c h s t e n Tag
mit einer
– von euch entdeckten –
Gewohnheit zu brechen.

Sucht euch bitte eine solche aus,
die euch harmlos erscheint.

Eine, von der ihr glaubt,
dass es überhaupt keine Gewohnheit ist,
sondern ein leicht wegzulassendes "Etwas".

Bitte macht diesen Versuch nicht in euren Gedanken,
sondern wirklich.

Wie ist es ohne den Kaffee? Ohne die erste Zigarette? Ohne das Radiogeräusch? Ohne mit anderen sofort in Kontakt zu treten? Ohne die erste Meditation? Ohne das, was immer ihr zuerst zu tun gewohnt seid? Probiert es aus. Es wird euch sehr viel über Gewohnheiten lehren.

Denn meist sind es alte, festgefahrene Gewohnheiten,
die ihr nicht als solche erkennt beziehungsweise anerkennt,
die euch dazu verleiten, euer Leben zu vertrödeln.

Zu viel Schlaf ist übrigens auch eine Angewohnheit, die euch automatisch zu Trägheit führt. Und wenn ihr erst träge seid ... nun, das weiß jeder selbst ...

Es handelt sich immer um scheinbare Kleinigkeiten, die aber eine große Wirkung haben.

Das zu erkennen, bringt euch ein großes Stück weiter auf eurem inneren Weg.

Denn um dem inneren Weg folgen zu können,
gilt es oftmals,
sich vorher von alten Gewohnheiten zu verabschieden:
Meist sind es sehr lieb-gewonnene,
weil harmlos und glückverheißend scheinende,
Gewohnheiten.

Doch bevor ihr euch von ihnen verabschieden könnt,
müsst ihr sie zuerst erkennen.

Und zuallererst den starken Willen
– euren Willen –
dazu benutzen,
sie überhaupt erkennen zu wollen.

Hier liegt der Schlüssel:

**Mit eurem Willen
– eurem starken Willen –
könnt ihr euer Leben ändern.**

Von Trägheit (zu viel Schlaf) hin zu sinnvollen Beschäftigungen. Von Trödelei (zu viel Zeitvertreib) hin zu einem bewussten Leben. Fragt die Meister. Sie kämen nicht auf die Idee, sich die Zeit zu vertreiben. Sie nutzen ihre Zeit. Meist bedeutet nämlich "Zeitvertreib" nichts anderes, als Langeweile zu vertreiben. Und Langeweile kann nur dann entstehen, wenn ihr noch nicht euren Weg gefunden habt. Denn wenn ihr ihn gefunden habt, so kann euch nie mehr langweilig sein. Auf diese Weise sucht ihr auch keine Möglichkeiten mehr, eure Zeit zu vertreiben, statt sie freudig zu begrüßen, um sie nutzen zu können.

Begegnet jedem neuen Tag in Liebe und mit Freude,
denn er wird euch von Gott geschenkt,
damit ihr euch weiterentwickeln könnt.

Falls ihr bereits begonnen habt, euren Tag mit Stille – mit Meditation – zu beginnen, so werdet ihr bei dieser Beobachtungsübung feststellen, dass ihr das Gefühl habt, dass euch etwas Wertvolles verlorengegangen ist, wenn ihr diese Gewohnheit nicht beibehaltet.

Es gibt Gewohnheiten, die euch nützlich sind,
so wie es Gewohnheiten gibt, die euch schaden.

Die, die euch nützlich sind,
erscheinen im ersten Moment anstrengend.

Und die, die euch schaden,
scheinen leicht und mühelos, ohne Anstrengung.

Der Weg zu eurem wahren Sein erfordert Wachsamkeit.

Und ständige Beobachtung der eigenen Gedanken,
Taten und Handlungen.

Auch solch' unscheinbare Dinge
wie Gewohnheiten gehören unbedingt dazu.

**Denn die Gewohnheiten,
die ihr euch aneignet, sind es,
die euer Leben bestimmen.**

Diese sind es,
die dazu einen großen Beitrag leisten,
wie ihr euch fühlt!

Seid wachsam.

Findet selbständig heraus, welche Gewohnheiten ihr habt. Vielleicht könnt ihr auch euch nahestehende Menschen befragen, ob sie an euch eine Gewohnheit erkannt haben, von der sie glauben, sie sei sehr eingefleischt?

Lasst keine Möglichkeit aus,
euren eigenen Gewohnheiten auf die Schliche zu kommen.

Es ist keine leichte Aufgabe,
denn erfahrungsgemäß haben sie sich gut getarnt.

Sie geben nämlich durch ihre Tarnung den Anschein,
dass sie euer Leben sind,
welches ihr sowieso nicht verändern könnt.

Lasst euch nicht länger täuschen. Durchschaut die Macht, die eure eigenen Angewohnheiten haben. Und da ihr sie euch angewöhnt habt, könnt ihr sie euch auch wieder abgewöhnen. Allerdings ist angewöhnen leichter als abgewöhnen von etwas. Dennoch:

Euer starker freier Wille ermöglicht euch alles.

Habt Mut!

Nehmt euer Leben selbst in die Hand.
Hin zu Freiheit und Glücklichsein.

Erlöst euch
– durch starken Willen –
vom Joch eurer alten Gewohnheiten.
Auch eurer, euch schadenden Denkgewohnheiten.

Fangt an zu leben!

Euer Leben e u r e r Wahl zu leben!

Suche in allem das Gute

Babaji: Was bedeutet es zu urteilen? Man könnte beispielsweise über sich selbst urteilen. Diese Urteile fallen bei den meisten Menschen sehr gut aus. Es sind eigentlich keine Urteile, sondern Lobeshymnen an sich selbst.

Shantima: Wie aber gehen wir mit anderen Menschen um?

Babaji: Wohl nicht so sanft wie mit euch selbst.

Shantima: Wieso ist das im Allgemeinen immer dieses Schema?

Babaji: Weil ihr immer noch nicht erkannt habt, dass alle eins sind, dass alle aus derselben Grundsubstanz, nämlich der Liebe Gottes, erschaffen sind. Und solange du nicht fähig bist, mit allen Menschen und Umständen in Frieden zu sein; solange wirst du keinen wahren, dauerhaften inneren Frieden aufrechterhalten können.

Shantima: Es hört sich so leicht an ... und dennoch scheint es so schwierig umzusetzen zu sein.

Babaji: Euer Alltag ist es, der euch immer und immer wieder genügend Möglichkeiten bietet zu wachsen. Immer mehr zu erkennen, wo und mit wem ihr noch nicht voller Liebe kommunizieren könnt.

Dankt allen Menschen, die euch begegnen,
die aufwallende Gefühle in euch hervorrufen,
von denen ihr dachtet, ihr hättet diese Art Gefühle "im Griff".

Dankt ganz besonders all' denen,
die euch ganz besonders und immer wieder
"auf die Palme" bringen".

Dankt noch mehr denen,
bei denen ihr euch schon aufregt,
wenn ihr nur deren Namen hört oder denkt
oder an die Situationen denkt,
die ihr nicht annehmen könnt.

**Sagt danke all' denen,
die ihr nicht als Freunde bezeichnet,
und besonders denen, die ihr Feinde nennt.**

Sie sind es, die euch wachsen lassen.
Sie sind es, die euch begegnen, um zu testen,
inwieweit ihr euch weiterentwickeln wollt.

Sie sind es, denen große Achtung gebührt.

Denn vielleicht sind sie euch gesandt worden,
damit ihr wachst.
Oftmals sind sie euch sogar in den Weg gestellt worden,
damit ihr diesen, für euch falschen Weg verlasst
und nach einem Weg sucht,
der eurer Resonanz mehr entspricht.

Oftmals sind sie es, die euch dazu bewegen,
in eurem Leben etwas zu ändern,
was ihr ohne sie nicht geändert hättet.

Seht euch eure Vergangenheit an. Denkt bitte genau nach. Denkt daran, wem ihr begegnet seid, der euch dazu gebracht hat, einen anderen Weg einzuschlagen beziehungsweise eine andere Richtung. Wer hat euch dazu bewogen, alte, eingefahrene Situationen zu ändern; oder alte, gewohnte Wege zu verlassen, um Neues zu wagen? Sehr oft waren es Menschen, die ihr nicht mögt oder gemocht habt. Manchmal sind es Unfälle oder Krankheiten, doch diesen großen Warnungen gehen sehr oft Begegnungen voraus, die euch bereits darauf hingewiesen haben, etwas in eurem Leben zu ändern.

Achtet auf alles. Auf alle, die euch begegnen. Freundschaften, die entstehen, basieren auf gegenseitiger Resonanz, das heißt, dass euer Weltbild oder eure Gewohnheiten ziemlich übereinstimmen. Hier könnt ihr gemeinsam weitergehen, gemeinsam weiterwachsen.

Aber wer ist es, der kommt, um euch wachzurütteln, falls ihr am Einschlafen seid? Meist Menschen, die ihr am liebsten "von hinten" sehen würdet, so sagt ihr. "Von hinten" bedeutet, dass ihr diese Begegnungen schnell "hinter euch bringen" wollt. Aber alles, was ihr schnell hinter euch bringen wollt, empfindet ihr als unangenehm. Ihr wollt nicht annehmen, wie sich dieser oder jener Artgenosse verhält. Sei es euch gegenüber oder anderen gegenüber. Deshalb nehmt ihr euch auch nicht die Zeit, genauer hinzuschauen.

Was ist es,
was euch am meisten stört an diesem Menschen,
mit dem ihr nicht kommunizieren könnt,
ohne in Wallung zu geraten?

Das ist eine sehr, sehr wichtige Frage, die ihr euch stellen solltet, denn die Antwort beinhaltet genau das, was ihr an euch selbst nicht mögt oder unterdrückt oder euch nicht auszudrücken traut.

Das alles bedeutet nicht, dass ihr jetzt euch zwingen sollt, freundschaftliche Gefühle diesen Menschen gegenüber aufzubringen. Auf diese Weise würde es sowieso nicht funktionieren. Es bedeutet lediglich: Danke zu sagen, dass dieser Mensch euch zum genaueren Hinschauen bewegt hat. Nämlich zum genaueren Hinschauen auf das, was in euch selbst vorgeht. Vielleicht bisher unbewusst. Es liegt jetzt ganz an euch, ob ihr mit dieser Erkenntnis, dass sogenannte "Feinde" eure Freunde sind, weil sie euch Gutes tun, nämlich eure eigene Entwicklung beschleunigen, etwas anfangen wollt.

**Es ist nicht einfach, das Gute zu suchen,
wenn alles Äußere nicht danach aussieht.**

**Doch jede Situation, jede Begegnung
hat immer eine positive Seite.
Immer.
Oftmals erkennt ihr den tieferen Sinn erst viel später.**

**Und wenn ihr wirklich danach sucht,
so werdet ihr ihn auch finden,
den Sinn,
der für euch verborgen liegt
unter der rauen Schale
einer unangenehmen Begegnung.**

Achtet darauf, was ihr fühlt.
Es sind oftmals nicht die Worte oder Gesten,
sondern euer inneres Fühlen,
welches euch zur Lösung führen wird.

Aber es brüllt euch nicht an,
euer inneres Wesen.
Es flüstert euch ganz, ganz leise die Lösung zu.

Und deshalb müsst ihr ganz still sein,
um diesen Sinn zu erfassen.

Zuerst eure aufwallenden Gefühle beruhigen,
damit ihr, statt subjektiv, ganz objektiv sein könnt.

Damit ihr euer eigener Beobachter sein könnt.
Vollkommen parteilos.
Vollkommen unvoreingenommen.
Vollkommen erwartungslos.

Dann schaut euch die gleiche Situation noch einmal an.

Oftmals genügt es schon,
einen kleinen Schritt zur Seite zu treten,
heraus aus alten Denkmustern,
um die Lösung zu sehen.

Ganz klar.
Ganz logisch.
Ganz voller Dankbarkeit.

Falls ihr also einem "Feind" begegnet,
so beruhigt zuallererst euren Atem.

Denn aufwallende Gefühle
machen sofort euren Atem unruhig.

Deshalb könnt ihr ebenso
– durch bewusstes tiefes Atmen –
eure eigenen Gefühle s o f o r t beruhigen.

Dann stellt euch gedanklich
zwischen euch selbst
und die unliebsame Person oder Situation.

Und:
Beobachtet. Beobachtet euch alle beide.

Alle beide mit gleicher Unvoreingenommenheit.

Ihr werdet staunen,
welch' andere Bedeutung jetzt die Begegnung für euch hat.

Probiert es aus!
Lernt euch selbst kennen!

Um Liebe zu erhalten, braucht ihr nur Liebe auszustrahlen.

Die Angewohnheit des Aufschiebens

Babaji: Fühlst du dich angesprochen?

Shantima: Ja.

Babaji: Weshalb?

Shantima: Ich brauche nur nachzuschauen, wie lange ich bereits an diesem Buch schreibe beziehungsweise es aufschiebe zu schreiben. Es hätte längst fertig sein können, vermute ich. Weiterhin schiebe ich gern alles bis zum letzten Moment auf, was buchhalterische Arbeit betrifft.

Babaji: Wie fühlst du dich dabei?

Shantima: Nicht gut. Es ist eine unsichtbare, aber doch anwesende innere Last, nicht effektiv und schnell genug zu sein.

Babaji: Woher meinst du, stammt diese Angewohnheit des Aufschiebens?

Shantima: Eigentlich wollte ich jetzt ganz allgemein antworten, dass ich unangenehme Dinge aufschiebe (Buchhaltung). Aber das Schreiben des Buches macht mir Freude. Irrsinnigerweise bemerke ich erst jetzt, dass ich sogar aufschiebe, was mir Freude macht.

Babaji: Man kann es also nicht konkretisieren?

Shantima: In meinem Fall wohl nicht.

Babaji: Woher stammt sie aber, die Angewohnheit des Aufschiebens?

Shantima: Das ist nicht logisch erklärbar, denn ich weiß, dass niemand kommt und die Arbeit (beide Beispiele) für mich erledigt. Im Falle des Schreibens würde ich es sehr schade finden, falls es so wäre, im Falle der Buchhaltung wäre ich froh.

Babaji: Wie fühlst du dich, wenn du endlich wieder einmal alle buchhalterischen Belange erledigt hast?

Shantima: Gut. Erleichtert.

Babaji: Und wenn du wieder ein Kapitel geschrieben hast?

Shantima: Ebenfalls gut. Erfreut.

Babaji: Wieso verwehrst du dir selbst Leichtigkeit (erleichtert) und Freude (erfreut) durch Aufschieben der Dinge, die diese Empfindungen hervorbringen?

Shantima: Trägheit?

Babaji: Vielleicht ein wenig auch Trägheit, doch nicht vordergründig.

Shantima: Wenn ich jetzt darüber nachdenke, so komme ich zu keiner vernünftigen Antwort. Es macht keinen Sinn, dass ich Dinge aufschiebe, von denen ich sogar aus eigener Erfahrung weiß, dass sie mir, indem ich sie sofort erledige (Buchhaltung), Leichtigkeit bringen und Freude (Schreiben). Ich verstehe mein

Verhalten selbst nicht.

Babaji: Aber um es zu ändern, musst du es zuallererst verstehen.

Shantima: Verschieben ... in die Zukunft? Das Glück ... in die Zukunft verschieben? Weil "Erst die Arbeit und dann das Vergnügen!" ein alter Leitspruch derer, die mich erzogen haben, war?

Babaji: Du kommst der Ursache näher.

Shantima: Anstatt gegenwärtig zu sein, träume ich unbewusst noch immer?

Babaji: Vielen von euch ergeht es so. Ihr verschiebt "Dinge", die euch gut tun würden, in die Zukunft zugunsten von "Dingen", die euch scheinbar sofort gut tun. Aber ihr verbringt auch eure Zeit damit, alten Gewohnheiten zu folgen, die euch immer wieder von eurem Ziel abbringen, weil sie euch "Zeit stehlen", die ihr besser nutzen könntet.

Shantima: Ich schiebe zum Beispiel alles Mögliche vor, um nicht diese (für mich) unliebsame Buchhaltungs-Arbeit machen zu müssen. Eigentlich wäre es ganz einfach: Täglich alles gleich einzutragen, dann wird es nicht zu einem immer größer werdenden, unüberschaubaren Berg. Je höher der Papierberg, desto größer der Unwille. Wenn ich es aber dann endlich hinter mich gebracht habe, so nehme ich mir (jedes Mal) vor, es ab diesem Zeitpunkt effektiver einzuteilen. Doch da ist sie schon zur Stelle, die alte Angewohnheit, erst mal alles "abzulegen"...

Babaji: Was aber ist der Grund, dass du dich davor drückst, das Manuskript vom Handschriftlichen in Buchform zu bringen?

Shantima: Hier weiß ich nicht einmal eine Antwort, Gurudev. Es kann eigentlich nur Faulheit sein, mich an die Tastatur zu setzen.

Babaji: Ein Buch entsteht nicht von alleine. Der Text braucht einen Autor. Der Autor die Intuition. Die Intuition den Geist. Der Geist wieder den Autor, dessen Hände die Gedanken in Buchstabenanordnungen umwandeln, die möglichst lesbar sind. Das ist schon alles.

Shantima: Warum zögere ich?

Babaji: Aus Angst.

Shantima: Aus Angst?

Babaji: Ja. Angst, nicht verstanden zu werden. Angst, angezweifelt zu werden. So wie dein altes Muster, was du schon bei unserem ersten Buch hattest.

Shantima: Ich dachte, das wäre ausgestanden?

Babaji: Dachtest du ...

Shantima: Viele Menschen verstehen mich nicht, von denen ich glaubte, sie seien Freunde.

Babaji: Das ist nicht wichtig! Wichtig ist, dass diese Botschaften die Menschen erreichen, die ihr Herz dafür geöffnet haben. Die meisten Leser kennst du nicht. Aber ich kenne jeden Einzelnen von ihnen – jeden, der dieses Buch lesen wird, kenne ich. Vielleicht haben einige von ihnen den Impuls jetzt, an dieser Stelle, sich bei dir zu melden, um dir ihr Feedback zu geben ...

Du weißt auch, dass ich selbst dafür sorge, wie dieses Buch in die Welt gehen wird. Aber vorher musst du es erst schreiben. Es ist doch ganz leicht.

Shantima: Ich schäme mich, weil ich so unzuverlässig bin, so trödele.

Babaji: Schämen sollst du dich nicht, diese Angewohnheit ist nicht vorteilhaft, sondern stürzt dich in Unzufriedenheit mit dir selbst. Besser ist ...

Shantima: ... zu ändern, wofür ich mich geschämt habe?

Babaji: Ja. Wann?

Shantima: Sofort. Jetzt. (nicht dann ...)

Babaji: Wunderbar. Dann solltest du die Datumsangaben der Kapitel (so, wie du sie original empfangen hast) im Inhaltsverzeichnis mit angeben, damit alle Leser mit dir zusammen etwas lernen können. Was, das ist für jeden individuell.

Die Angewohnheit des Aufschiebens hält euch fest in der Vergangenheit. Denn sie mahnt euch durch unerledigte Dinge und lässt euch dadurch nicht freudig gegenwärtig sein. Räumt auf!

Alles Unerledigte mahnt euch ständig unbewusst und lässt euch keine Freude empfinden. Es erdrückt euch und macht sich oftmals durch Rückenschmerzen bemerkbar, die ihr aber allzu oft nicht mit dem Thema "Aufschub" in Zusammenhang bringt. Unerledigte Dinge jeglicher Art: Hierzu gehören auch längst fällige Briefe oder Gespräche zur Versöhnung oder ein Stoß alter, ungeordneter Papiere. Ebenso ein überfüllter Kleiderschrank mit Sachen, denen man längst entwachsen ist ... Schaut euch eure Keller und Dachräume an beziehungsweise die Räume, die so privat sind, dass ihr dorthin keinen Besucher hineinschauen lassen würdet. Schaut eure Schubläden und Schränke an ... Euer ganzes Heim spiegelt euch euren inneren Zustand.

Eure ganz privaten Angelegenheiten,
wozu euch kein anderer antreibt
als ihr selbst,
diese sind es,
die ihr genauer euch anschauen solltet,
um euch selbst besser kennenzulernen.

Wo kaschiert ihr?
Wo übertreibt ihr?
Wo erzählt ihr nicht die Wahrheit?

Die sogenannten banalen Dinge in eurem Leben zeigen an,
wer ihr seid.

Nicht die Momente,
wo ihr euch in festliche Gewänder hüllt,
um "unter die Menschen" zu gehen,
sondern genau das Gegenteil solltet ihr beobachten.

Beobachtet euch dabei,
wie ihr euch verhaltet,
wenn ihr glaubt,
absolut unbeobachtet zu sein.

Ihr sollt euch nicht bewerten!
Ihr seid bereits vollkommene Geschöpfe Gottes.
Gottes Kinder.
Aber um euch daran zu erinnern,
wer ihr wirklich seid,
müsst ihr euch zuallererst darüber klarwerden,
wie ihr euch wann verhaltet.

Was ist echt?
Was ist vollkommen authentisch?

Wo verstellt ihr euch?
Und warum?
Und:
Wobei habt ihr die Angewohnheit
des Aufschiebens entwickelt?

Durchbrecht die alten Gewohnheiten und befreit euch.
Befreit euch selbst.

Das kann niemand anderes für euch tun.
Ihr selbst habt die Macht über euer Leben.

Erschafft eine Welt des Friedens.
Eine Welt des Authentisch-Seins,
eine Welt der Liebe und gegenseitigen Achtung.

Fangt einfach bei euch selbst damit an.

Das ist das Größte,
was ihr für euch
– und somit für die gesamte Menschheit –
tun könnt.

Om Namaha Shivaya

Anmerkung von Shantima: (07.10.2009)
Gerade schrieb ich dieses Kapitel ab, um es in Buchform zu bringen. Das bedeutet, dass ich einen Monat dafür gebraucht habe, um bis an diese Stelle zu gelangen. Anstatt täglich handschriftlich Babajis Botschaften aufzuschreiben, schrieb ich die bereits empfangenen Kapitel so, dass sie nun in Form gebracht sind und bereit, ein Buch zu werden. Der leicht nachvollziehbare Grund hierfür ist, dass wir Mitte Oktober einen Termin in einem Tonstudio bekommen haben, um dieses Buch als Hörbuch aufzunehmen. Meine Handschrift ist zwar lesbar, aber für diese Zwecke reicht ein Bleistiftmanuskript nicht aus.

Ich bedanke mich bei dir, lieber Gurudev, dass du die Dinge so gefügt hast, um mir zu zeigen, wie gut es tut, täglich an unserem Buch zu arbeiten (entweder an der Tastatur oder beim Empfangen deiner Botschaften). Ohne diesen "Zeitdruck", den ich aber als angenehm empfinde, hätte ich wohl weiter getrödelt.

Bhole Baba ki Jai!
Ehre und Ruhm (jai) dem einfachen (bhole) Vater (Baba)!

Ausstrahlung

Was geschieht, wenn ein Mensch, der voller Liebe ist, an einen Ort kommt, an dem wenig Liebe zu spüren ist? Wer "steckt" wen an? Wer inspiriert wen?

Im günstigsten Fall ist die Liebe
eines einzelnen Menschen so stark,
dass sie alles um sich herum einschließt.
Bedingungslos.

Liebe, die einfach nur lieben will.
Alle und alles um sich herum.
Somit kann nichts im Umkreis eines solchen Menschen
sich der göttlichen Liebesschwingung entziehen.

Auf diese Weise geschieht Heilung.
Heilung von Artgenossen,
von Plätzen oder Orten,
von allem und allen.

Es geschieht einfach.
Es geschieht,
indem die heilende Schwingung der Liebe
alle Schwingungen der Nichtliebe berührt.

Das ist die ideale Form von Heilung.
– Ohne Gespräche, ohne Worte, ohne Gesten, ohne Denken. –

E i n f a c h   n u r   d u r c h   d a s   S e i n   i n   L i e b e.

Das ist der Idealzustand, zu dem euch euer Weg führt.
Doch glaubt nicht, dass ihr erst dann wirken könnt,
wenn ihr Selbstverwirklichung erlangt habt.

Hütet euch davor, zu glauben,
ihr zeigtet keine Wirkung auf euer Umfeld!
Ihr bewirkt immer etwas.
Dort, wo ihr euch befindet
– sei es körperlich oder gedanklich –,
bewirkt ihr, entsprechend eurer Ausstrahlung,
eine Veränderung eures Umfeldes.

Hierbei begegnet ihr ständig den körperlichen
sowie ätherischen Schwingungen der anderen Menschen,
der Tiere, der Pflanzen, der Orte, der Technik ...

Nichts ist konstant.
Alles verändert sich ständig.
Alles ist in ständiger Bewegung.

Es ist ganz wichtig, dass euch bewusst ist,
dass ihr auf andere wirkt und dass andere auf euch wirken.
Ständig.

Jetzt, wenn ihr das verinnerlicht habt
– wirklich verinnerlicht habt –,
könnt ihr euch bewusst dazu entscheiden,
auf welche Weise ihr auf eure Mitwelt wirken wollt.

Möchtet ihr sie liebevoller haben,
so braucht ihr nur selbst liebevoller sein.

Möchtet ihr eine Mitwelt der Zerstörung,
so braucht ihr nur selbst (-) zerstörerische Gedanken
der Nichtliebe auszusenden.

So einfach ist das.
Ihr selbst bestimmt, wie euer Leben verläuft.
In welchen Schwingungsebenen ihr euch bewegt,
hängt von euch selbst ab.

Ein wunderbares Geschenk!
Somit seid ihr vollkommen unabhängig!
Vollkommen selbst-bestimmt.
Vollkommen dazu in der Lage,
den Verlauf eures eigenen Lebens zu bestimmen.

Falls ihr euch dazu entschieden habt, eine friedvollere Welt mitzuerschaffen, so fangt einfach jetzt sofort damit an. Es ist verrückt, denkt ihr vielleicht. Es ist so einfach und dennoch so schwierig. Wie soll man es schaffen, ständig Gedanken der Liebe zu denken, um auf diese Weise dorthin zu gelangen, nur noch Liebe zu sein? Mag es auch anfangs schwierig erscheinen... Mit eurer eigenen starken Willenskraft ist alles möglich. Gepaart mit eiserner Beharrlichkeit könnt ihr alles erschaffen. Alles.

An euren eigenen Lebensumständen erkennt ihr,
was sich wirklich in eurem Inneren abspielt.
Das Außen ist ein Spiegel für euch.
Ein Spiegel, der
– ganz unpersönlich –
persönliche Themen aufzeigt.

Vor allem sind es eure Stimmung und euer nach außen hin gezeigtes Gesicht, welche oft nicht im Einklang miteinander sind.

Kümmert euch zuerst um eure innere Stimmung.
Wenn dort wieder Harmonie herrscht,
so seid ihr auch im Außen stimmig.

Dann sind nämlich Innen und Außen aufeinander abgestimmt.

Ihr braucht keine Energie mehr zu verschwenden,
um euch Masken aufzusetzen,
die euch anders erscheinen lassen sollen,
als ihr euch von innen heraus fühlt.

Hier beginnt der Weg des Authentisch-SEINs.

Achtet immer und immer wieder auf eure Gedanken,
die in eurem Inneren die Vorherrschaft haben,
denn genau diese sind es, die euer Leben zu dem machen,
was es ist beziehungsweise wie es sich zur Zeit ausdrückt.

Falls euch irgendetwas an euren Lebensumständen
nicht gefällt,
so ändert augenblicklich euer eigenes Denken.

Immer "nur" euer eigenes Denken!!
Andere könnt und solltet ihr nicht beeinflussen,
so dass irgendjemand anders sein Leben ändern soll,
damit sich dadurch euer Leben ändert.
Das ist vertane Zeit.
Verschwendete Energie.

Diese Art, Dinge regeln zu wollen, habt ihr lange Zeit ausprobiert. Schaut euch euer Leben an, was dabei "herauskommt", andere verändern zu wollen. Auf diese Weise funktioniert es nicht, hat nie funktioniert und wird auch nicht funktionieren. Denn diese Weise arbeitet entgegen den Naturgesetzen. Entgegen dem, dass ihr alle einen freien Willen habt! Somit kann jeder Einzelne für sein Leben Entscheidungen treffen (oftmals reichen diese Entscheidungen natürlicherweise in Lebensbereiche eurer Mitmenschen hinein), aber es ist nicht möglich, andere verändern zu wollen, denn das ist Manipulation.

Und jede Art von Manipulation wird zu euch zurückkommen.
Eventuell sofort,
doch meist in anderen Lebensumständen,
in denen ihr euch manipuliert fühlt.

Diese Zusammenhänge zu begreifen, ist eine sehr wichtige Angelegenheit. Denn sie gibt euch Gelegenheit, nicht mehr gegen die Naturgesetze zu handeln, sondern mit den Naturgesetzen in Leichtigkeit zu wirken, um sein eigenes Leben freudvoller zu gestalten. Somit zwar auch gleichzeitig das der anderen mit, aber gegen ein freudvolles Leben hat wohl niemand etwas Entgegengesetztes einzuwenden.

Ihr alle seid Liebe.
Anstatt von anderen zu erwarten,
dass sie euch von ihrer Liebe etwas abgeben,
solltet ihr ab jetzt dazu übergehen,
von eurer eigenen Liebe abzugeben.
Bedingungslos.

Wahre Liebe berührt alles und jeden um euch herum
gleichermaßen.

Wahre Liebe schließt nichts und niemanden aus,
weil sie keine einzige Bedingung stellt.

Wahre Liebe will – nur um der Liebe willen – lieben.

Durchbrecht eure alten, jahrhundertealten Muster. Gebt sie auf oder ab, wie immer ihr es nennen wollt. Macht Platz in euren Herzen für die wahre Liebe, die in jedem menschlichen Herzen wohnt und nur darauf wartet, endlich von euch freigelassen zu werden.

Die einfache Meditation
(zu Anfang dieses Buches)
hilft euch auf einfache und sichere Weise,
in diesen,
euch wahrhaftig angeborenen Zustand von Liebe zu gelangen,
falls ihr den starken Willen,
gepaart mit Beharrlichkeit, dazu verwendet,
zu eurem lebendigen, liebenden Urgrund hin-durchzudringen.

Gebt nicht auf.
Ihr müsst nichts beweisen und nichts erlangen,
denn alles, was ihr braucht,
um bedingungslos Liebe geben zu können,
ist bereits in euch!

Lasst euer Herz sprechen.
Von nun an.

Ernährung

Babaji: Lasse dich nicht "verrückt machen" von den Ernährungsaposteln dieser besonderen Zeit. Es ist nicht die Priorität, welcherlei Nahrung man seinem Körper zukommen lässt, sondern welcherlei Nahrung der Körper bevorzugt. Und jeder Körper bevorzugt genau die Art von Nahrung, die seinem geistigen Entwicklungsstand entspricht.

Niemand,
der erfährt
– durch eigene Erfahrung –,
dass alle und alles eins sind,
wird mehr Appetit darauf haben,
seine Mitgeschöpfe aufzuessen,
um seinen Körper dadurch zu schwächen.

Niemand,
der den inneren Weg der Hingabe und Liebe geht,
muss sich in irgendeiner Weise selbst kasteien.

Denn die wirkungsvollste Methode,
– die dem eigenen Entwicklungsstand entsprechende –
Nahrung zu sich zu nehmen, ist,
seinen eigenen Instinkten zu folgen.

Selbst wenn es sich hierbei nicht um die Nahrungsaufnahme handelt, die in Büchern (wobei zu beachten ist, dass es viele konträre Bücher gibt) beschrieben steht. Jeder ist, was er isst. Und wird nur essen, was seinem Sein gut tut.

Eine wunderbare Essgewohnheit ist:

Jedes Mal

v o r ,   w ä h r e n d   u n d   n a c h

der Nahrungsaufnahme

für die Nahrung dankbar zu sein.

Dankbarkeit für Gott,

für die Erde,
die die Pflanzen wachsen ließ,

für alle Geschöpfe und Menschen,
die daran beteiligt gewesen sind,
dass die Nahrung bis zu dir gelangt.

I n   S t i l l e   z u   e s s e n ,

ganz das Essen zu genießen

– i n   s t ä n d i g e r   D a n k b a r k e i t –,

ist die gesündeste Art und Weise,
sich zu ernähren.

Selbst künstliche Nahrungsmittel können auf diese Weise verdaut werden, aber es wird gleichzeitig und automatisch geschehen, dass der Körper immer mehr dazu auffordert, gesunde, frische Nahrungsmittel in Maßen zu essen.

Eine Regelung des Appetits
in natürlicher,
von innen kommender Form
wird sich automatisch einstellen,
wenn du mit dieser Einstellung
all' deine Nahrung aufnimmst.

In Liebe und dankbarer Stille,
ganz auf die Nahrungsaufnahme konzentriert,
ohne mit den Gedanken abzuschweifen.

Eine große Herausforderung in der heutigen,
hektisch empfundenen Zeit,
wo Essen ganz nebenbei geschieht,
ohne dem Geber der Gaben zu danken.

Das ist die wahre Ursache für ungesunde Ernährung.

Lebt wieder die Dankbarkeit,
auch für die alltäglichen Mahlzeiten,
die euch geschenkt werden.

Seid dankbar in Liebe.

Die Macht der Gedanken

Babaji: Was ist ein Gedanke?

Shantima: Etwas, was man weder greifen noch mit physischen Augen sehen, noch mit physischen Ohren hören kann. Und dennoch hört man seine Gedanken, manchmal sieht man auch Bilder dazu. Obwohl man einen Gedanken nicht zeigen kann, ist er dennoch da. Sorry, aber ich kann nicht beschreiben, was ein Gedanke ist.

Babaji: Und dennoch sind sie ständig bei euch, mit euch – die Gedanken, die ihr euch macht. Mittels ihrer erschafft ihr eure Welt. Jeder für sich und insgesamt alle gemeinsam. Am Beispiel der Gruppierungen (von meist Jugendlichen) kannst du leicht verstehen, wie Gedanken wirken. Es gibt Menschengruppen, die nennen sich "Rocker". Sie alle haben einen gemeinsamen Leitgedanken, der ihr Weltbild bestimmt beziehungsweise, welche Prioritäten sie in ihrem Leben haben, denen das gemeinsame Weltbild von Mönchen nicht gleicht. Es scheint sogar konträr zu sein. Oder auch die Gruppierungen, die Parteien heißen, haben oftmals ebenso unterschiedliche Leitgedanken.

Und jeder Mensch schließt sich gern der Gruppe an, deren Weltbild dem seinen am ehesten entspricht. Mit scheinbar konträren Weltbildinhabern streitet er sich innerlich und durch Worte. Hierbei möchte einer dem anderen sein bisher eigenes, für gültig empfundenes Weltbild näherbringen oder den Gesprächspartner beziehungsweise den Gesprächsgegner sogar dazu bringen, dass er sein eigenes Weltbild zugunsten des Weltbildes des Gesprächsführenden aufgibt.

An der äußeren Erscheinung ändert sich in diesem Moment nichts. Ein Veganer wird keine Freude daran haben, einem alles-essenden Menschen zu folgen. Umgekehrt fühlt sich aber auch der alles-essende Mensch von einem Veganer indirekt beobachtet.

> Wieso sind so viele verschiedene Lebensweisen
> beziehungsweise Weltbilder im Umlauf?
>
> Weil jeder Mensch sich
> mit seinen eigenen Gedanken und Erfahrungen
> sein eigenes Bild von der Welt erschafft.
> In Gedanken.
> In seinem Inneren.
>
> Oftmals wird der Mensch unglücklicherweise,
> meist unwissend,
> auch von Gedanken anderer Menschen beeinflusst.
>
> Denn jeder Gedanke ist Energie.
> Wenn er auch nicht
> in dem dichten Bereich der Materie sichtbar ist,
> so ist er dennoch die Ursache für die Materie.

Shantima: Ich glaube, hier solltest du bitte eine, auch für den Verstand plausible Erklärung geben, denn sonst werde ich in Erklärungsschwierigkeiten geraten ...

Babaji: Wie willst du aber das Unerklärbare erklären? Wie willst du mit Worten beschreiben, was jenseits von Worten existiert beziehungsweise deren Ursache ist?

Shantima: Ich denke, du kennst einen Weg, es so zu erklären, dass es für uns alle verständlich ist.

Babaji: Es ist nicht einfach. Erklären "mit Worten" ist nicht wirklich möglich, denn die Worte könnten nicht bis zum Urgrund vordringen.

Shantima: Aber du lässt es nicht einfach so unerklärt stehen? Hm?

Babaji: Wie wäre es mit einer weiteren Übung? Ich hoffe, dass ihr alle bisherigen Übungen weiterhin erprobt habt, obwohl kein Hinweis auf den dazwischenliegenden Seiten mehr gegeben wurde?

Geht in die Stille,
geht so in Meditation,
wie ihr es – bis hierher – täglich getan habt.
Achtet auf eure Atmung,
eure Körperhaltung,
und vor allen Dingen: auf eure Bereitschaft.

Und jetzt könnt ihr gerne versuchen,
keinerlei Gedanken mehr zu haben.
Selbst keinen Gedanken daran zu verschwenden,
keine Gedanken haben zu wollen.

Was passiert? Ist es euch so einfach möglich, gedankenlos zu sein? Wenn es so wäre, so bräuchtet ihr keine weiteren Hinweise mehr. Wieso ist es so schwierig, zu versuchen, vollkommen frei von Gedanken zu sein? Woher kommen sie nur? Wohin gehen sie? Wieso scheinen sie so flüchtig zu sein und sind dennoch immer wiederkehrend?

Shantima: Meine einfache, ehrliche Antwort: Ich weiß es nicht. Immer noch nicht so, dass ich es erklären könnte.

Babaji: Was ist ein Gedanke?

Eine Kreation von innerlichen Energien,
die die Form eines Gedankens annehmen.

Jedes Wort,
sogar jeder Buchstabe
beziehungsweise Laut
(egal, in welcher Sprache),
hat ein Energiefeld,
welches völlig einzigartig ist.

Buchstabenkombinationen
ergeben allerdings erst
den wirklichen Sinn.

So viele Buchstaben hat das deutsche Alphabet nicht,
es sind sogar sehr, sehr wenige.
Und dennoch kommuniziert ihr
durch diese Buchstabenkombinationen miteinander.

> Ihr sprecht aus, was ihr denkt,
> obwohl ihr meist schon euer Gedachtes filtert
> und oftmals das Gedachte und Gesprochene
> nicht im Einklang miteinander sind,
> was nichts anderes bedeutet,
> als dass ihr in diesen Momenten
> mit euch selbst nicht im Einklang seid.

Nehmen wir aber trotzdem an, ihr würdet aussprechen, was ihr denkt: Zum Beispiel träumt ihr gerade von einer schönen Urlaubsreise. Ihr sagt: "Mein Urlaubsziel ist ..." Was aber geschieht jetzt in euren Gedanken? So vieles auf einmal, dass ihr alles nicht so schnell sprechen könntet, wie ihr es denkt, womöglich malt ihr euch schon aus, wie es sein könnte ...

> Halt!
> Seid gegenwärtig!
> Kommt zurück aus euren Gedanken,
> die euch schneller als Lichtgeschwindigkeit
> woandershin gebracht haben.

Nun seid ihr wieder hier. Aber ein paar eurer Gedanken schweifen bestimmt immer wieder ab, zu eurem imaginären Urlaubsziel. Was geschieht da? Wer denkt überhaupt? Denkt der Mensch, der ihr glaubt zu sein? Dann müsste es doch ein Kinderspiel sein, eure Gedanken einfach abzuschalten.

Shantima: Hm. So ist es aber nicht.

Babaji: Woher kommen die Gedanken? Lasst uns gemeinsam eine leichte Übung durchführen:

Geht noch einmal ganz bewusst in die Stille.
Erst dann, wenn ihr euch wohl fühlt und friedvoll fühlt
und vielleicht euch auch bei eurem Herzen bedankt habt
für sein Sein ...

... erst dann
– konzentriert euch dennoch auf euren Atem und euer Herz –
versucht herauszufinden,
woher die Gedanken kommen.

Wo "hört" ihr sie?
Von "wo" aus nehmt ihr sie auf?

Kümmert euch jetzt nicht darum, welcherlei Gedanken es sind,
sondern nur darum,

ob ihr sie "orten" könnt.

Dazu müsst ihr euch aber im Zustand der Meditation
– im Zustand der Verbindung mit der Frequenz der Liebe –
befinden.
Ansonsten erlangt ihr Ergebnisse eures Wachbewusstseins.
Seid achtsam.
Nehmt euch viel Zeit für diese Erfahrung.
Ich bin bei euch und helfe euch.
Om Namaha Shivaya

Es sind Energieformen,
die ihr umwandelt.

Es ist pure Energie mit großer Macht.

Energien unterschiedlicher Art
schwirren eine Menge herum:
im Universum, auf der Erde,
um euch herum,
in euch.

Alles ist Energie.

Verschiedenartigste Energie,
die jedoch immer, ihrem Ursprung nach, gleich ist.
Sie stammt ursprünglich aus Liebe.

Diese Liebe versteckt sich oft hinter unschönen,
unglückbringenden Gedanken,
aber nur,
damit ihr nicht aufhört,
nach ihr zu suchen.

Ihr seht einen Gegenstand: zum Beispiel einen Ball. Fragt alle Anwesenden, welche Gedanken sie im ersten Moment, als sie den Ball sahen, hatten. Ihr werdet keine absolut übereinstimmenden Antworten erhalten können. Denn Gedanken sind individuell. Ebenso wie ihr als Individuum hier in Menschengestalt seid. Zwar seid auch ihr alle miteinander in Liebe verbunden, aber vorerst habt ihr es vergessen. Ihr glaubt inzwischen, Individuen zu sein. Also denkt jeder individuell. Einzigartige Gedanken. Sie sind das Resultat aus Energien, die euch umgeben, und den Energien, zu denen ihr euch hingezogen fühlt (Weltbilder hatte ich anfangs dazu gesagt), plus eure eigenen, bisher gemachten abgespeicherten Erfahrungen und Erinnerungen. Es sind Gemische aus vielerlei Energieformen, für die ihr gerade empfänglich seid. Empfänglich ... Hier sind wir wieder an dem wichtigen Punkt:

> Achtet darauf, was ihr denkt
> beziehungsweise was ihr empfangt.
> Denn die Energien,
> auf die ihr euch einstellt (wie ein Radiosender),
> die empfangt ihr,
> diese wandelt ihr um.
> – Das geschieht alles unbewusst, ohne euer Zutun. –
> Und genau diese bestimmen euer Leben.

Wenn ihr bereits wüsstet, wer ihr in Wahrheit seid, so würde es keine verwirrenden Gedanken mehr in euch geben. So hätte nur noch die Frequenz der Liebe Einzugsrecht. Alles andere würdet ihr sofort als Unwahrheit oder vorübergehende Unwissenheit entlarven können. Ihr wüsstet einfach, dass ihr seid. Und dann offenbart sich die ganze Schöpfung in euch.

> Doch bis dahin werdet ihr
> immer und immer wieder
> die Energien empfangen
> und in Gedanken umwandeln,
> auf die ihr euch eingestellt habt.

Ob bewusst oder unbewusst, spielt hierbei keinerlei Rolle.

Shantima: Jetzt weiß ich noch immer nicht, woher die Gedanken kommen – so richtig nicht, obwohl mir durch die vorangegangene Übung völlig klar geworden ist, dass ich Gedanken empfange und sie umgewandelt werden. (Wie durch einen Transformator, der sich innerhalb meines Gehirns befindet und Energien in Gedanken umwandelt, die von außen kommen.) Ob es nun "durch" mich oder "in" mir geschieht, könnte ich nicht genau benennen..

Babaji: Erst dann, wenn du im Zustand jenseits der Gedanken bleiben kannst, durch Techniken, wie Kriya Yoga, erst dann kannst du sofort verstehen, was Gedanken sind, wie sie entstehen, woher sie kommen. Aber erklären kann man es nicht.

Shantima: Und dennoch sind unsere Gedanken so wichtig!

Babaji: Ja,
weil jeder Gedanke Energie ist,
die nicht verloren geht,
die Auswirkungen haben muss.

Sie wird in Form eurer Gedanken weitergeleitet,
sie muss sich umwandeln – in genau das,
was ihr denkt.

Doch durch die "Zeitverzögerung",
wie sie hier scheinbar auf der Erde herrscht,
erkennt ihr nicht mehr den Zusammenhang
zwischen all' euren gedachten Gedanken
und euren jetzigen Lebensumständen.

Friedvolle Gedanken kannst du also nur denken,
wenn du deinen Empfänger auf "friedvoll" programmierst.

Somit erschaffst du eine friedvolle Welt.

Dunkle Gedanken können ebenso programmiert werden.

**Was jeder einzelne Mensch programmieren will,
bestimmt jeder selbst.**

Auch wenn euch immer noch nicht ganz klar ist,
was Gedanken sind,
so müsste euch jedoch
– durch diese einfache Übung –
klar geworden sein,
dass es Energien sind,
die ihr aufnehmt
und zu Gedanken umformt,
um diese wieder auszusenden.

Wie eine Trafostation.
Unermüdlich.

Achtet also noch viel bewusster darauf,
was ihr empfangt.

Denn das Empfangene formt sich zu euren Gedanken.
Und diese Gedanken sendet ihr aus,
und diese bestimmen
eure Lebensumstände
und euer Weltbild.

Klarheit

Jede Art von Unklarheit bedeutet nichts anderes
als verlorene Zeit.
Zeit, die vergeht,
die buchstäblich verrinnt,
ohne dass ihr daraus irgendeine Art von Nutzen
ziehen könntet.

Es ist äußerst wichtig,
dass alle Unklarheiten in eurem Leben beseitigt werden.

Dieser letzte Satz hört sich passiv an. So, als käme jemand und befreite euch augenblicklich von all' euren Unklarheiten. Meint ihr, dass das der wahre Weg ist? Meint ihr, dass es auf diese Weise geschieht? Vielleicht begegnet ihr Menschen oder bestenfalls selbst-verwirklichten Meistern. Aber auch sie werden euch nicht von euren Unklarheiten befreien, falls ihr nicht euren Teil dazugebt.

Nicht "euren Teil tut", sondern euren Teil "g e b t".

Geben:

Hingabe.

Hingabe an das Göttliche.

In welcher Form auch immer ihr bevorzugt, zu Gott
– oder einem seiner Namen eurer Wahl –
zu beten oder ihn in eurer eigenen Art anzurufen:

**Ohne wahre Hingabe,
die von eurem Herzen ausgeht,
wird es nicht möglich sein,
Klarheit für euren Lebensweg zu erlangen.**

Was bedeutet es, besonders für Menschen des Abendlandes, sich hinzugeben? Hier besteht die Gefahr, Hingabe an das Göttliche zu verwechseln mit Hingabe an menschliche Wesen oder irdische Belange. Viele haben große Angst davor, sich vollkommen hinzugeben; sie befürchten, dominant manipuliert zu werden. Viele Erfahrungen aus früheren Inkarnationen führen dazu, jetzt Angst zu haben, sich Gott hinzugeben.

Wer oder was ist Gott?

Wer von euch begriffen hat,
dass Gott Liebe ist
– pure Liebe –,
dem dürfte es nicht schwerfallen,
sich absolut dieser Liebe Gottes hinzugeben!

Was könnte es Schöneres geben?

Doch reicht das aus – es begriffen zu haben? Denen von euch, die davor Angst haben, sich dem Göttlichen hinzugeben, mangelt es nur an der Klarheit darüber, wer oder was Gott ist.

Obwohl er namenlos,
unbeschreibbar und unergründlich ist,
so ist seine Liebe
e r f a h r b a r .

Ausschließlich durch eigene Erfahrungen
kann ein jeder fühlen,
wie sich Gottes Liebe ausdrückt.

Wollt ihr diese Erfahrung jetzt machen beziehungsweise vertiefen, so habe ich hier eine einfache, wirkungsvolle Methode, die euch dem nahebringt, wer oder was Gott ist.

Absolut diese Erfahrung machen zu wollen,
vollkommene Einheit mit Gott wieder zu erleben,
bedarf eurer Hingabe.

Doch vor der Hingabe muss Klarheit da sein.

Klarheit darüber,

dass

G o t t   L i e b e   i s t .

Setzt euch bequem hin
und geht, wie gewohnt,
in die Stille.

Wenn ihr euer Herz fühlt,
die Liebe in euch fühlen könnt,
so bittet Gott
(ihr könnt es mit euren eigenen oder diesen Worten tun):

Lieber Gott, du bist Liebe.
Du hast mich aus derselben Liebe erschaffen.
Demzufolge muss ich auch vollkommene Liebe sein.
Aber ich habe vergessen,
wie es sich anfühlt,
ich habe vergessen,
wer ich in Wahrheit bin,
weil ich vergessen habe,
dass ich Liebe bin.

Bitte, lieber Gott, hilf mir,
zu meinen eigenen Wurzeln zurückzufinden.

Bitte lass' mich fühlen, wer ich in Wahrheit bin.

Stille.

Es ist wichtig,
euch vollkommen einzulassen
auf diese
– eure ureigene –
Meditation.

Nehmt euch Zeit.

Sorgt dafür, dass ihr ungestört seid.

Und dann öffnet euch vertrauensvoll
für die Liebe Gottes,
die nichts anderes ist
als eure eigene Liebe,
die unermüdlich aus euch hervorströmt,
die i m m e r w a r , i s t und s e i n w i r d.

Nehmt euch selbst wahr
als wunderbare Geschöpfe der Liebe,
als Ebenbilder Gottes.

Ich bin bei euch.
Babaji

Om Namaha Shivaya

Entspannung

Entspannung sollte das Gegenteil von Anspannung bedeuten.

Doch leider haben inzwischen viele von euch die massentypische Angewohnheit entwickelt, statt zu entspannen, die Anspannung noch zu verstärken – durch Aktivitäten, die scheinbar als Entspannung bezeichnet werden. Anstatt in der Ruhe der Natur – der naturbelassenen Natur – oder der Stille der Meditation Kraft zu tanken, begeben sich viele auf sogenannte Entspannung versprechende Reisen. Seien es stunden-, tages- oder wochenweise Reisen. Man ködert euch mit Angeboten von vielen, vielen Seminaren und Workshops in einer großen Bandbreite. Wer kann da schon widerstehen, um einfach nur zu sein: Sei es in der Ruhe der Natur oder der Stille der Meditation ...

Entspannt sein bedeutet:
f r e i   z u   s e i n
von Anspannungen.

Aber ist euch das möglich, während ihr auf Entspannungstrips seid? Ist es euch möglich, inneren Frieden zu finden in der äußeren Welt?

Entspannung und Ruhe sind Freunde.

Die Stille ist ihr Lehrer.

Es ist sehr wichtig für jeden Menschen,
ein ausgewogenes Maß an Anspannung (Aktivitäten)
und Entspannung (Ruhe) zu finden.

Wer glaubt, dass ein Fernseh- oder Kino- oder Theaterabend entspannende Wirkung hat, der irrt sich. Diese Arten von Zeitvertreib mögen ablenkende Wirkungen haben, jedoch sind sie eher anstrengend, statt entspannend: Denn bei solchem Input kann weder der Körper noch der Geist zur Ruhe finden.

Alle Aktivitäten,
die nicht mit Ruhe oder Stille einhergehen,
dienen nicht eurer Entspannung.

Das ist ein sehr wichtiges Thema in der heutigen Zeit, denn noch nie war es auf diesem Planeten so laut wie heute. Überall werdet ihr künstlich beschallt. Sei es der Lärm von jeglicher Art von motorangetriebenen Maschinen oder der Massenmedien. An vielen Orten der Erde ist sogar die Ruhe der Nacht so sehr gestört, dass es keine einzige Stunde am "Tag" möglich ist, der Stille ungestört zu lauschen.

Sucht deshalb für euch selbst wieder Stunden
– und seien es anfangs auch nur Minuten –
der bewussten Stille.

Dort könnt ihr euch entspannen.

Loslassen.

Einfach nur sein.

Ohne denken zu müssen, ohne auf irgendeine Etikette achten zu wollen, ohne beeinflusst zu werden von Geräuschen, die auf euch regelrecht einprasseln.

**Es bedarf der Übung,
f r e i w i l l i g
die Ruhe zu suchen,
anstatt sich in seiner Freizeit
noch mehr mit Aktivitäten zuzuschütten.**

Es bedarf eures Wollens und Umdenkens.

Nehmt euch ein Beispiel an der Natur:
Es ist ein ständiges Abwechseln von Aktivität und Ruhe
in allen natürlichen Vorgängen zu beobachten.

Seit ihr die Möglichkeit habt, auch nachts alles mit künstlichem Licht zu erhellen, ist euer natürliches Bedürfnis nach Entspannung vollkommen unterdrückt worden beziehungsweise aus dem Gleichgewicht geraten.

Sorgt dafür,
tägliche Momente der Entspannung zu finden.

Ihr müsst schon selbst dafür sorgen!
Denn jeder hat seinen eigenen Rhythmus.

Lasst euch nicht mehr so weit anspannen,
dass ihr kurz vorm "Ausrasten" seid.

Denn jede Art von "Ausrasten" ist nichts anderes
als zu viel Anspannung.
Euer "Draht" brennt durch; wegen Überlastung.
Das ist alles.

Daher sollte es euch jetzt ganz natürlich erscheinen,
euer Leben so zu gestalten,
dass ihr in Ausgewogenheit
entspannt sowie angespannt seid.

Es ist wichtig für euren Körper,
doch ebenso für euren Geist.

Zu viel ist gesundheitsschädigend.
Zu wenig ist trägheitsfördernd.

Findet eure eigene Mitte,
eure eigene Wohlfühlform
von
A u s g e g l i c h e n h e i t.

Selbstannahme

Es ist eines jeden Menschen Ziel,
seine eigene Selbstannahme zu erreichen.

Sich selbst so anzunehmen,
wie man ist,
ist deshalb so scheinbar schwierig,
weil das Innere des eigenen Seins
nicht im Einklang lebt mit äußeren Umständen.

Im Kapitel über Selbstwertgefühl sind einige der mannigfaltigen Ursachen für mangelndes Selbstvertrauen beschrieben. Doch jetzt geht es sogar darum, sich selbst so anzunehmen, wie es ist (nicht: wie "man" ist). Bitte lest den Satz noch einmal:

Sich s e l b s t so anzunehmen, wie e s ist.

Das heißt nichts anderes, als sein eigenes Selbst anzunehmen.
Dieses wahre Selbst,
die Seele,
die so wahrhaftig und voller Liebe
in jedem menschlichen Herzen darauf wartet,
wiedererkannt zu werden.
Wahrhaft erkannt zu werden.

Meist geschieht es ganz allmählich, fast unmerklich, sich immer mehr selbst zu erkennen; den sogenannten "guten Kern" in sich selbst anzuerkennen beziehungsweise wahrzunehmen. Vielleicht erscheint es manchem Leser als ständige Wiederholung, dass ich immer und immer wieder betone, dass die Meditation ein Weg ist, seiner eigenen Selbstannahme immer näher zu kommen. Und fürwahr! Die Wiederholung ist das Zaubermittel. Durch ständige (tägliche) Wiederholung der bewussten Anbindung an das Göttliche, somit auch an das Göttliche in euch, könnt ihr langsam – aber beständig – Fortschritte erzielen.

Selbstannahme ist eine Voraussetzung dafür,
andere – alle anderen – so annehmen zu können,
wie sie sind.

Wer erkannt hat,
dass die unveränderliche Seele das eigentliche wahre Ich ist,
den kann nichts mehr aus der Bahn werfen,
den kann nichts mehr erschüttern.

Diese Wahrheit,
dass das eigene Sein nichts als Liebe ist,
bewirkt eine große Veränderung im eigenen Leben.

Solange man sich selbst nicht wenigstens ein bisschen erkannt hat – nur ein klein wenig –, solange kann man nicht wissen, wie es sich anfühlt, dem inneren Frieden immer näherzukommen.

Es ist wie in einem Sturm. Es mag so sein, dass ein gewaltiger Sturm Bäume ausreißt, Häuser umstürzt und Berge zerbröselt. Es mag sein, dass in eurem Außen eine ebensolche Verwirrung herrscht:

Aber im Zentrum des Sturmes ist es absolut ruhig.
Es ist nichts zu bemerken von all' dem Toben.

Ebenso ist in eurem Zentrum
– eurer Seele –
alles ruhig.

Sie ist völlig unberührt
von all' den Höhen und Tiefen eures Lebens.

Sie beobachtet euch,
aber greift nicht ein in eure Entscheidungen.

Sie weiß,
dass sie ewiglicher Frieden ist.

Und sie weiß,
dass irgendwann jedem Sturm die Kraft ausgeht
und seine Zerstörungswut ein Ende hat.

(Übrigens sind Stürme nichts anderes
als die Auswirkungen kollektiver menschlicher Gedanken,
die zerstörerischen Charakter haben.)

Sie weiß,
dass "eines Tages"
wieder völliger Frieden sein wird.

Auch weiß sie,
dass so mancher äußerliche Sturm
zu innerem Umdenken führt.

So wie für alle, deren Häuser ein Sturm zerstört, eine Änderung
im Leben geschieht ... so verändern auch euch die sogenannten

"Stürme" (sie werden übrigens nicht umsonst als "Tief" in euren Wettervorhersagen bezeichnet) eure innere Lebenseinstellung. Oftmals vernichten sie alte Weltbilder, die veraltet und euch nicht mehr dienlich sind. Ebenso oft veranlassen diese Stürme euch dazu, Änderungen, die euch gut tun, zuzulassen.

**Nehmt die Stürme eures Lebens
ab jetzt gelassener hin.
Wissend, dass sie vorübergehen werden
und vielleicht sogar Platz geschaffen haben
für wunderbare Neuerungen ...**

**Vor allem aber:
Seid nicht mehr zu streng zu euch selbst.**

Obwohl dieses gesamte Buch oftmals sehr streng – Shantima nennt es "liebevolle Strenge" – wirkt, ist das Ziel dieses Buches, euch zu helfen, euch selbst annehmen zu können. Und darum müsst ihr alles, was euch betrifft, in strenger Wachsamkeit beobachten. Damit euch euer Leben wieder Freude bereitet, nicht nur flüchtige weltliche Freude – genau deshalb fühlt sich dieses Buch (ein wenig) streng an.

Ich nenne es Selbstdisziplin,
um seinem eigenen Weg folgen zu können,
f a l l s   m a n   i h m   f o l g e n   w i l l .

Selbstannahme:
Seid weniger streng zu euch selbst,
indem ihr aufhört, euch wegen vergangener
Handlungen oder Gedanken zu schämen.

Stattdessen seid wachsam,
aus diesen Erkenntnissen zu lernen, das heißt:
in einer nächstfolgenden, ähnlichen Situation
sich an das Erlernte zu erinnern
und diesmal "besser" zu handeln.

Und "besser" bedeutet immer:
mit mehr Liebe zu leben.
Mehr Liebe zu geben.
Mehr Liebevolles zu sagen als Unliebsames.
Mehr Liebevolles zu tun als Unbrauchbares.
Mehr ihr selbst zu sein als noch eine Sekunde davor.

Es ist kein leichter Weg, aber ein wundervoller Weg.
Ein Weg voller Wunder.
Solange, bis ihr erkennt, dass Wunder nichts anderes sind
als Momente von Liebe,
Momente von tiefer göttlicher Verbundenheit,
von göttlicher Führung.

Lasst euch ein auf eure eigene Selbstannahme.

Um euch eine Hilfe zu geben, braucht ihr nur in Liebe um eure eigene Selbstannahme zu bitten. Auch für die Selbstannahme anderer zu bitten, ist eine gute Möglichkeit, Menschen aus ihrer Verwirrtheit herauszuhelfen. Es ist auch keine Manipulation.

Denn die eigene Selbstannahme
– eines jeden Menschen –
ist das Ziel,
weshalb ihr hierher gekommen seid.

Wenn ihr in die Stille gegangen seid
und euer Herz voller Liebe ist,
dann bittet in folgender Weise:

Gott hat mich als sein Ebenbild erschaffen.
Mit allen göttlichen Eigenschaften.
Liebe, Freude, Glück und Frieden sind einige davon.
Jetzt bitte ich von ganzem Herzen und voller Hingabe
um meine eigene Selbstannahme.

(Wenn ihr für jemand anderen bittet, so ändert im letzten Satz:
Jetzt bitte ich von ganzem Herzen und voller Hingabe
um die Selbstannahme von ...)

Wiederholung bringt Erfolg.
Somit sei es dir klar,
diese Worte möglichst täglich zu sprechen.
Mit Liebe und dem Wissen,
dass sie eine große Wirkung haben.
(Laut oder leise oder innerlich – je nach eigenem Gefühl.)

Diese Worte sind eine Bitte, und gleichzeitig bewirken sie,
dass ihr zu eurem wahren Geburtsrecht hin geleitet werdet,
nämlich:

ein Leben in Liebe, Freude, Glück und Frieden zu leben.

Die Neue Zeit

Überall ist die Rede von "Neuer Zeit" oder "Energieerhöhung" oder "Aufstieg der Erde und der Menschheit". Es gibt viele, viele Namen und Beschreibungen für dieses aktuelle Thema. Ich habe den Namen "Neue Zeit" gewählt, obwohl Zeit nicht so existiert, wie ihr es im menschlichen Ermessen annehmt.

Die Neue Zeit ...

Was wird sie euch bringen?
Sie wird euch nichts bringen!
Im Gegenteil:

Die Neue Zeit ...
Sie wird so sein,
wie ihr
– alle Menschen gemeinsam –
sie euch erschafft,
das heißt,
erträumt oder vorstellt.

Das sollte euch dringend bewusst sein:
Nichts ist festgelegt.

Sich hinsetzen, um zu warten,
was die Neue Zeit bringen wird,
ist eine sehr passive Angelegenheit.
Warum beginnt ihr stattdessen nicht lieber damit,
euch die Neue Zeit wunderschön vorzustellen?
Fried-liebend.

Wisst ihr noch: Die Zukunft entsteht aus der Vergangenheit und den Gedanken und Handlungen der Gegenwart. Da die Vergangenheit "vorüber" ist, so ist doch alles ganz einfach: Konzentriert euch auf euer gegenwärtiges Leben. Auf euer Dasein im Jetzt.

Versucht,
alles dafür zu tun,
dass das Jetzt sich schöner und friedvoller anfühlt
als alles Vergangene.

Auf diese einfache Weise tragt ihr dazu bei,
eine immer friedvoller werdende Zukunft zu erschaffen.

Eine Zukunft,
auf die ihr euch alle freuen dürft,
vor der ihr keine Angst zu haben braucht.
Denn wovor solltet ihr Angst haben,
wenn ihr wisst,
dass ihr selbst die Erbauer eurer eigenen Zukunft seid?

Baut (erdenkt) euch eine wunderschöne Zukunft,
aber vergesst nicht,
all' das, wovon ihr träumt,
schon jetzt zu leben:
die Samen zu legen für das, was wachsen soll.

Möglicherweise müsst ihr deshalb alte, abgestorbene oder störende Pflanzen ausreißen, um Platz zu schaffen für euren neuen Garten. Vielleicht "macht" es euch ein bisschen Arbeit, aber Arbeit, die sich lohnt! Reißt alle alten Pflanzen, die euch keinen Nutzen bringen, bedingungslos heraus: Herausreißen bedeutet hier sinngemäß: Reißt eure alten, euch hindernden und unglückbringenden Gedanken heraus, schafft somit Platz für ein ganz neues Denken. Ein Denken, was Frieden erschafft. Frieden auf der gesamten Erde. Mit allen und allem, die darauf und darin leben und mit der Erde selbst.

FRIEDEN.

In diesem Wort ist etwas Wunderbares verborgen:

FRI **EDEN**.

Der Garten,
von dem soviel geredet wurde,
der so oft beschrieben wurde.
Der Garten,
den ihr glaubt,
nicht auf der Erde finden zu können ...

Frieden
bedeutet nichts anderes,
als diese Erde in Liebe zu bewohnen.
Mit allen Geschöpfen im Einklang zu leben.
Gegenseitige Achtung,
gegenseitiges Verstehen ...

All' eure Träume werden auf diese Weise wahr.

Der Garten Eden:
Ihr seid in der Lage, ihn zu erschaffen.

Liebe Menschheit!

Deshalb seid ihr doch hier.
Ihr seid es
– die als Ebenbilder Gottes erschaffenen Wesen –
die über so große Schöpferkraft verfügt...

Ihr selbst seid es,
die bestimmt,
wie die Neue Zeit aussehen wird.

Ihr selbst.
Jeder Einzelne.

J e d e r   E i n z e l n e !!

A u c h   d u !

Schließe dich nicht länger aus
aus diesem wunderbaren Spiel.
Gib auch du deine Schöpferkraft
– deine Liebe –
für die Erschaffung des Paradieses auf Erden.

Was ist gemeint mit "Aufstieg"? Natürlich ist eine andere Schwingungsebene gemeint. Aber wie stellt ihr euch das vor? Die Erde wird nicht wie ein Luftballon davon-schweben und alle zurücklassen, die sich nicht an ihr festklammern! Es bedeutet keinesfalls, irgendwohin zu steigen! Schwingungsebenen sind vorhanden. Alle gleichzeitig. Alle übereinander, nebeneinander, ineinander! Alle sogar (für eure Begriffe) durcheinander. Aber in Wahrheit gibt es kein Durcheinander in Gottes Schöpfung. Alles unterliegt einer übergeordneten Ordnung.

Aufstieg bedeutet:

**die Schwingungsebene
der Gier, des Hasses, des Neides,
der Missgunst, der Angst ...
zu verlassen**

und

**"emporzusteigen"
zu Liebe, Mitgefühl, Frieden ...**

Was ist gemeint mit "emporsteigen"? Es gibt keine Leiter! Auch keine Raumschiffe, die euch abholen werden! Alles ist angelegt in euch selbst! Gemeint sind die Chakren eures Körpers.

Aufzusteigen

**von
der "niederen" Energie
des Haben-Wollens**

**in
das Geben-Wollen:
in das zufri e d e n Sein.**

Das ist euer wahrer Aufstieg.

Und deshalb ist es so sehr wichtig, dass jeder Einzelne es erkennt. Jeder Einzelne hat große Kraft. Und viele Einzelne zusammen ergeben eine noch größere Kraft.

Wenn dann auf der
"kosmischen Waagschale"
die menschlichen Gedanken
von Frieden und Liebe größer und mehr sind
als die von Hass und Gewalt,
dann bedeutet es,
dass ein "kollektiver Aufstieg" stattfinden kann.

Es bedeutet,
dass dann in eurem Massenbewusstsein
die Energien, die ihr positiv nennt, vorherrschen,
das heißt:

Der Weg ist frei
für Garten Eden,
das Paradies auf Erden.

Übrigens seid ihr nicht dazu bestimmt, in Einsamkeit zu leben; vergesst nicht, Gemeinschaften zu bilden, in denen euer Leben voller Leichtigkeit und Freude stattfinden kann.

Ich bitte euch:

Tragt euren ganz individuellen Beitrag dazu bei:
Denkt friedvoller,
somit muss die Welt augenblicklich friedvoller sein.
Das ist ein karmisches Gesetz.

Und löst euch von dem Gedanken,
dass ihr zu "kleine Lichter" seid!
Schon eine einzige Kerze zerstreut die Dunkelheit!!

**Wenn du willst,
dass das Paradies auf Erden entstehen soll,
so musst du – vor allem anderen– darauf achten,
welcherlei Gedanken du denkst.
Denn all' deine Gedanken bestimmen,
wie die Neue Zeit aussehen wird.**

Löst euch von der Passivität! Eure politischen Systeme sind nicht in der Lage, die Neue Zeit friedvoll zu gestalten, mittels menschlicher Gesetzesvorlagen und Abgaben jeglicher Art ...

Ihr!

Du!

**Und alle gemeinsam,
die ihre Gedanken auf Liebe ausrichten.
Auf Vergebung und Mitgefühl ...**

**Alle die,
die auch im t ä g l i c h e n Tagesablauf
danach leben,**

**sie sind es,
die die Neue Welt erschaffen.**

In Liebe.

Ihr findet mich
in euren
Herzen.

Babaji

Über Babaji

Nach der intensiven Begegnung mit Babaji in diesem Buch hat sich sicher jeder Leser sein eigenes Bild von ihm gemacht, seine eigene Beziehung zu ihm entwickelt und weiß, was er ihm bedeutet. Und das ist im Grunde auch das Wichtigste – die eigene Erfahrung. Alles andere, was man über Babaji sagen könnte, wäre sozusagen nur aus zweiter Hand.

Und so will auch ich mich beschränken auf das, was ich in diesem Buch mit ihm erfahren habe. Für mich zeigt er sich hier als „der vollkommene Lehrer", den ich mir immer schon gewünscht und nie bekommen hatte.

Ich war schon fast in der Mitte des Buches, als mir plötzlich in den Sinn kam, dass ich mir als Kind immer einen Lehrer gewünscht hatte, der alles weiß und der mir alles erklären kann, was ich wissen wollte – so eine Mischung aus väterlichem Freund und allwissendem „lieben Gott" – klar, dass ich den nie gefunden hatte. Und da plötzlich, mitten im Buch, da war er mit einemmal. Und er erklärte mir tatsächlich alles, was ich schon immer hatte wissen wollen.

Das Buch ist viel mehr als nur eine „Anleitung für die Neue Zeit". Freilich, das ist es auch – doch nebenbei, so ganz leise und unauffällig, erklärt und berührt Babaji alle Themen, Situationen und menschlichen Eigenschaften, die je zu Problemen werden könnten, und das so einfach, dass ich mich ganz perplex fragte, warum ich das bisher nicht begriffen hatte, wo es doch offensichtlich ganz klar auf der Hand lag.

Das, glaube ich, können nur die wirklich guten Lehrer – einem diesen Aha-Effekt zu verschaffen, diesen Klick, wenn der Groschen fällt: Jetzt hat man's ein für allemal verstanden.

Und noch etwas. Es ist ein wundervolles Geschenk in diesen Seiten verborgen: eine ausgestreckte Hand, ein Freundschaftsangebot, das Babaji seinen Lesern macht.

Wenn man auf den Vorschlag, den er einem gleich zu Anfang macht, eingeht und sich darauf einlässt, den Weg, den er hier beschreibt, mit Ausdauer und Entschiedenheit zu gehen, dann nimmt er einen an die Hand und führt einen zielgerade zu einem selbst – zum eigenen göttlichen Selbst.

Das betrachte ich als ein wirklich großes Geschenk; denn mit Babaji hat man einen Freund gewonnen, der einem absolut zuverlässig und jeder Situation gewachsen zur Seite steht – einen väterlichen Freund und wissenden Lehrer eben, den man getrost alles fragen kann.

Christa Falk

Nachwort

Gerade eben (nachdem ich das letzte Kapitel empfange hatte), habe ich den Titel dieses Buches erfahren. Ich bin tief berührt. Auch wegen des Zusatzes "Band 1". Es ist ein solch' großes Geschenk, diese Worte Babajis auf die Erde bringen zu dürfen ... Mir fehlen die Worte.
Aber bedanken möchte ich mich bei euch allen! Bei allen, die mir, besonders im letzten Jahr, begegnet sind. Bei allen, die mir ermöglichten, diesen "Band 1" zu schreiben. Besonders bei meinem Mann ShivaOm und meinen Söhnen Steve & Hannes für ihr Sein. Dafür, dass wir als Familie zusammenleben. Bei meinen Eltern für ihre Unterstützung. Bei Dir, Hartmut, der Du Dich immer liebevoll um Akita, Raya, Socke und unser Heim gekümmert hast, während wir wegen Buchlesungen unterwegs waren. Bei Dir, liebe Christine, für Dein Bild "Aufgehende Saat". Bei Euch, Wilfried & Gertraud, für Eure Freundschaft und die geschenkte Zeit. Ebenso bei Dir, lieber Dirk, für die Umschlaggestaltung. Und bei Dir, liebe Christa, die Du sofort bereit gewesen bist, Babajis Botschaft in Windeseile zu verbreiten.

Danke, lieber Gurudev, für dein Vertrauen, dass ich deine Botschaft wortgetreu wiederzugeben vermag. Danke für deine liebevolle Führung. Danke für dein Sein. Danke, dass du uns Menschen einen Weg zeigst, dem wir von Herzen folgen können, wenn wir es wirklich wollen. Danke für diese einfachen Worte, in denen die Wahrheit und Liebe förmlich fühlbar sind. Danke für deine Liebe zu uns allen.

Om Namaha Shivaya
In Liebe
Shantima

Über die Autorin

Shantima Petra Sollgruber, Jahrgang 1961, ist in Thüringen geboren und aufgewachsen. Nach einem bewegten Leben der Sinnsuche und Wanderung lebt sie jetzt zusammen mit ihrem Mann ShivaOm Thomas Sollgruber und ihren Söhnen Steve (17) und Hannes (11) wieder in Thüringen auf dem Land. Hier entstand auch dieses Buch.
Die gemeinsame Vision von ShivaOm und Shantima findet zur Zeit Ausdruck durch OMRA - Lichtboten. Hier besteht auch die Möglichkeit, Kontakt aufzunehmen:

www.omra-lichtboten.de

Bisher erschienen:

Shantima Petra Sollgruber
Babajis Anleitung zum Glücklichsein
Lerne Dich selbst kennen mit all Deinen Facetten
Kamasha Verlag
ISBN 978-3-936767-26-1 / Pb. / 235 Seiten

Jeder von uns erlebt Höhen und Tiefen in seinem Leben. So auch die Autorin, die in einer Krise den göttlichen Ruf vernahm und sich für die Botschaften von Babaji öffnete. In großer Klarheit und Einfachheit erläutert Babaji zentrale Themen des Lebens wie Transformation, Disziplin, Zweifel, Meditation, Vertrauen, Gastfreundschaft, Gelassenheit, innere Sammlung, Geduld, Erlösung von alten Ängsten, Ordnung, Glauben, dunkle Energien, Klang – Farbe Licht – Form, Fülle und viele mehr. Das Leben wird leicht und glücklich für den, der dem Ruf folgt.

Dieses Buch ist geborgen aus der göttlichen Quelle. Mahavatar Babaji gab der Autorin die Inhalte in liebevoller Weise, um sie zum jetzigen Zeitpunkt in die Welt zu bringen. Sie leben von Wahrheit, Einfachheit und Liebe. Babajis Botschaft an die Menschheit ist voller Klarheit und in einfachen Worten wiedergegeben. Es ist eine Botschaft für alle Menschen, egal welcher Religion, welcher Hautfarbe oder sonstigen scheinbaren Unterschiede.